世界一
美味しいご飯
をわが家で炊こう

ふっくらツヤツヤに炊きあがったご飯
立ちのぼる香ばしいにおい
一粒一粒噛みしめるごとに感じられるうま味
日本人にとって食の主役はなんといっても「ご飯」
食べるとは、生きること
だから、世界一美味しいご飯を鍋や釜で炊こう
ちょっとのコツさえ覚えれば、誰でも簡単にできます

米を研ぐ&水につける

①米の入ったボウルに水を入れる。最初はとくに米が割れやすいので、勢いよく水を注がない。

②手でさっと2〜3回まわして洗ったら、水を捨てる。米がにおいを吸うので、最初の水はとくに素早く。

③水を捨てた後、米と米をやさしくすり合わせるように、掌《たなごころ》を使ってシャッシャッと研ぐ。30回ほど研いだら水を入れ、白濁した水を捨てる。

※掌《たなごころ》とは、手のひらの親指の付け根の柔らかい部分。

④研ぐ作業を2回繰り返した後、水がある程度透明になるまで数回水を入れ換える。

⑤鍋に米を移し、米の容量の1.2倍の水を入れ、十分に吸水させる。

▶左が十分に吸水した米、右が吸水が不十分の米

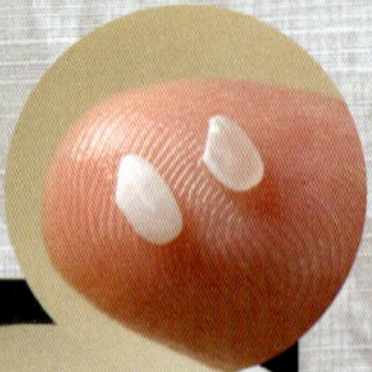

⑥夏なら30分、冬なら1時間が目安。米がふくらみ、写真のように白くなったらOK。

米を炊く&蒸す

⑦蓋をして強火にかける。

⑧沸騰してボコボコと音がしだしたら中火～弱火にして、沸騰状態を維持。

⑨表面の水分が少なくなって、鍋の縁からブツブツいうようになったら弱火に。蓋をさっと開けて確認してもいい。

⑩水気がなくなったら、一度火を強火にして、パチパチと乾いた音がしたら、そのまま10秒間保ち、火を止める。

⑪蓋を開けずに10分間蒸らしたら、ご飯の水分が均一になるように、天地をさっくりと返す。

*美味しいご飯を炊く詳しい手順は、
本文48ページ～で紹介しています。

だしを引く（昆布と鰹節の合わせだし）

①昆布をさっと洗って水につけ、中火にかける（日高昆布の場合）。

②昆布に小さい気泡がついてきたらそっと引き上げる（60～70℃）。

③沸騰したら火を止め、鰹節を入れ、菜箸で静かに押さえる。

④静かに1分ほど置くと、鰹節が水の表面より少し沈んだ状態になる。

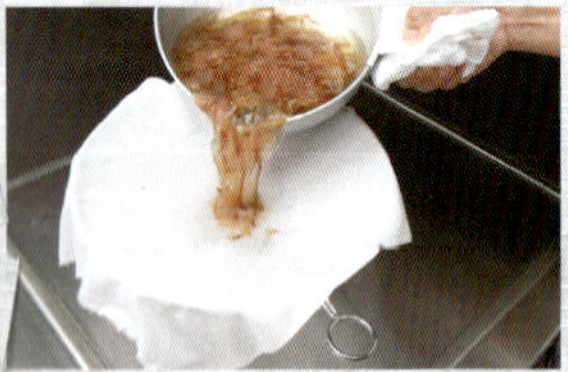

⑤さらし（なければキッチンペーパー）で濾す。

⑥さらしの四隅を合わせ、ねじって、1回だけキュッと絞る。

⑦澄んだ琥珀色のだしのできあがり。

＊ 美味しいだしを引く詳しい手順は、本文 135 ページ～で紹介しています。

世界一美味しいご飯をわが家で炊く

柳原尚之

青春新書
INTELLIGENCE

「美味しいご飯」炊いていますか?

こう聞くと、多くの人は、普段使っている電気炊飯器を思い浮かべるかもしれません。

「うちの炊飯器は高性能で、いろいろな機能がついているから美味しく炊けていますよ」

と言う人もいれば、

「炊飯器のスイッチを入れているだけだから、あまり深く考えていないです」

なんて言う人もいるかもしれません。

もちろん、「美味しいご飯」を炊くために米を選んだり、水にこだわったりしている人もいるでしょう。でも、炊き方にまでこだわっている人は意外に少ないのではないでしょうか。

ご飯には美味しい「炊き方」があります。

いまは電気炊飯器で炊くのが一般的ですが、時にはぜひ、釜や鍋でガスコンロやＩＨクッキングヒーターを使って（もちろん屋外なら薪や炭でも）、美味しい炊き方を試してください。

釜や鍋で炊くのは、むずかしくありません。むしろ、とても簡単。炊き方のコツを覚えてしまえば、炊飯器より短時間で、かつ手軽に美味しいご飯を炊くことができます。

味と香りが断然変わる!

短時間で炊けるだけではありません。なにより、炊きたてをひと口食べただけで、いままで食べていたご飯と比べて「味も香りも全然違う!」とびっくりするはずです。ご飯好きの日本人なら、これを試さない手はありません。

しかも、美味しいご飯を炊くコツは、炊飯器で炊くときにも応用できます。毎日、炊飯器で炊いているご飯の味も、格段に美味しくなるのです。

この本では、近茶流《きんさりゅう》で教えている、「美味しいご飯の炊き方」を紹介します。

「江戸懐石近茶流」は「近茶料理」と呼ばれ、江戸時代の文化文政(1804~30)の頃に興《おこ》ったといわれる柳原家家伝の割烹道です。代々女手に継承されてきて、私の祖父の代に至って初めて男手に移されました。先代・近茶流宗家であり、祖父の柳原敏雄が家伝の懐石料理と包丁道を体系づけ、「近茶流」とし、現在は東京・赤坂の柳原料理教室にて父・柳原一成が宗家として継承・伝承しつづけています。近茶流嗣家《しか》である私も、伝統と技術を受け継ぎ、日本料理、茶懐石の研究指導にあたっています。

茶懐石では、ご飯が一つの主役です。料理の流れの中で、火を止めたばかりの蒸らす前のご飯から始まり、蒸らしたご飯、釜に残ったおこげを使った湯づけと、いろいろな形でご飯を楽しみます。

言うまでもなく、ご飯（米）は日本人の主食です。日本人は数千年も前から米を作り、食べ続けてきました。

長い間、日本人は一人あたり年間約一石（150kg）の米を食べていたといわれています。いまの日本人の年間消費量（約60kg）と比べると約2・5倍も米を食べていたことになります。

米を食べる量は減っているのは確かですが、和食のおかずがご飯と合うのは変わりありません。ご飯があるから和食があるのです。毎日食べるものだからこそ、もう一度ご飯を見つめ直すきっかけにしていただけたら幸いです。

もし、この本で美味しいご飯の炊き方を覚えて、毎日の食卓に並べることができるようになれば、「美味しいご飯、炊いていますか？」という質問に、きっとこう答えるようになるはずです。

「もちろん！　うちのご飯は世界一！」――と。

世界一美味しいご飯をわが家で炊く　目次

第2章

世界一美味しい味噌汁をわが家で作る

付章

ご飯を引き立てる菜《おかず》を作る

編集協力／タンクフル
吉田力
カバー・帯・本文写真／川本聖哉
本文イラスト／水口アツコ
本文デザイン・ＤＴＰ／ベラビスタスタジオ

第1章

世界一美味しいご飯をわが家で炊く

I 世界一美味しいご飯を炊くポイント

1. 美味しいご飯とはどんなご飯?

●ふっくらツヤツヤ、噛むほどに……

「美味しいご飯」とはどんなご飯でしょうか?

炊きたてのご飯を茶碗によそったところを想像してください。

「ふっくら」としていて、ピカピカと「ツヤがある」。そして、ご飯からは湯気とともに、かぐわしい「香り」も立ちのぼってくる。

口に含むと、「もっちり」とした食感で、それでいながら一粒一粒の米がしっかりと「粒立ち」し、噛むほどに口の中に「うま味」と「甘味」が広がっていく。そんなご飯が「美味しいご飯」ではないでしょうか。

「美味しいご飯」を言葉で説明するのはなかなかむずかしいのですが、まとめてみると次のように言えると思います。

「ふっくら」「ツヤツヤ」「もっちり」としていて、「香りが立って」「粒も立ち」、噛めば噛むほど「うま味と甘味が広がる」——。

なかでも、美味しいご飯にとって重要なのは「もっちり」とした食感だと、私は思います。というのも、日本人は古くからご飯を噛んだときの「もっちり感」と、噛んだ後の適度な「粘り」を重視してきて、改良を重ねてきたからです。

●なぜ、ほどよい「もっちり感」が重要なのか

なぜ、もっちりとして、ほどよい粘りがあるご飯を美味しいと感じてきたのでしょうか。その理由は、日本料理の特徴と関係があります。

外国の料理、とくに欧米の料理は、スープ、魚料理、肉料理というように、一皿食べ終わると次の皿が出てくるスタイルが多いですね。基本的には出てきた料理を次々に食べ、その合間にパンを食べることになるので、どうしても「料理は料理、パンはパン」と、いわゆる「ばっかり食べ」になりがちです。

ところが日本料理は違います。日本料理の伝統的な形式は「一汁三菜《いちじゅうさんさい》」です。一汁とは味噌汁のことで、三菜とはおかず三品のこと。

「あれ？ ご飯は」と思いませんか。ご飯は「別格」、つまり、日本料理にとってご飯は食事の中心的存在なので、あえて「一汁三菜」に加えたりしないのです。

食べ方も、「ご飯を食べながら」他のおかずをいろいろと食べて、口の中で「調合」します。日本料理は「口内調味」を楽しむ料理なのです。

ご飯に「粘り」があると他のおかずと口内で調合しやすくなり、食材の融合によりうま味がさらに引き出されます。もっちりとして噛むと粘りのあるご飯ほど、おかずとの相性もよく、「美味しいご飯だなぁ」と感じられるのです。

ただし、おかずのうま味を引き出すには、ご飯が主張しすぎてはいけません。粘りは強いが、味や香りは強すぎないというジャポニカ米が、やはり日本料理には合っているのです。

2. 美味しいご飯を炊く3つの決め手

●コツさえ覚えれば、鍋炊きはむずかしくない

明治から昭和にかけて活躍した芸術家・北大路《きたおおじ》魯山人《ろさんじん》が、

「三度炊く　飯さえ硬し　軟らかし　思うままには　ならぬ世の中」

という言葉を残しています。美食家・陶芸家・書家としても知られる魯山人ですが、ご飯を炊くのにもこだわりがあったのか、「毎日、なかなか思うようにはいかないなぁ」と感じていたようです。


実際に釜や鍋でご飯を炊いてみたことがある人の中には、魯山人と同じように「うまくいかない」と思った人もいると思います。小・中学校の遠足やキャンプのときに飯盒《はんごう》でご飯を炊いたり、家庭科の授業で釜や鍋でご飯を炊いたりした人の中には、「おかゆみたいになった」「焦げてしまって美味しく炊けなかった」という経験をしているかもしれません。「米を研《と》いで水につけ、釜や鍋で炊いて蒸しあげる」という単純な作業にもかかわらず、なぜ思いどおりにならないのでしょうか。

それは、米の種類や保存状態、季節、水の温度や量、火加減……など、いろいろな要因が炊きあがりに微妙な差を出すからです。

でも、「これだけは押さえておく」というポイントを覚えておけば、失敗することはありません。私は生徒さんたちにいつも言っています。「炊き方のコツさえ覚えれば、簡単に美味しいご飯を炊けるようになりますよ」と。

目分量や感覚に頼ってご飯を炊くのではなく、自分の中に基準を持っていれば、たとえば米が変わったり、環境が変わっても、美味しいご飯を炊くことができるようになります。

●「ご飯は煮炊きの基本」

米を、水と熱だけで「ご飯」として調理し、米本来の味をそのまま引き出すのは、まさに日本人の文化といえます。だからこそ日本人の誰もがご飯の炊きあがりにこだわりを持っています。水以外、何の食材も調味料も足さない。それだけにごまかしが利かないのが「ご飯」です。

先代・近茶流宗家であり、祖父の柳原敏雄は常々、「ご飯は煮炊きの基本」と言っていました。ご飯を炊くことで得られた技術は、味噌汁や煮物、鍋物など、火を使う料理にとても役立ちます。近茶流では、毎回授業では必ず羽釜《はがま》を使って、生徒さん自身にご飯を炊いてもらいます。

祖父の時代と比べると、最近の炊飯器は高機能で、「竈《かまど》炊きに負けない炊きあがり」をうたう製品も登場しています。確かに美味しくご飯を炊くことができます。

しかし、釜や鍋を使ってご飯を炊くと、火力の強さが米のうま味を引き出し、ふっくらとして甘く、ツヤのあるご飯に仕上がります。

なにより、釜や鍋で炊いたご飯は「香り」が違います。鍋の内側についたご飯が、焦げつく直前に放つ「香ばしさ」。しゃもじですくうと鍋の底や壁面のご飯が少しパリパリとした感じがするくらいに炊きあがると、ご飯本来の味にくわえて、食欲をそそるこうばしい「香り」も楽しめます。

自分自身で釜や鍋でご飯を炊く方法を覚えることで自信となり、その他のおかずもこだわり、よりいっそう美味しい食卓になるはずです。

次項からは、釜や鍋でご飯を炊くときのポイントを紹介します。ご飯の持つうま味や香りを楽しめる「釜炊き」や「鍋炊き」。ぜひ、試してみてください。

●美味しいご飯を炊く3つのステップ

美味しいご飯を炊く決め手についてお話しする前に、「ご飯を炊く」手順をざっと確認しておきましょう。

ご飯を炊くとは、硬くて食べられない「生米」に水を加えて加熱することで、柔らかく食べられる「ご飯」にすることです。

まずは、米を研いで水に浸し、水分を含ませたら加熱し、沸騰したら火を弱め、水分がなくなったら火を止め、蒸らします。

釜や鍋にどれだけの水を加えるかといった「水加減」と、どのように加熱するかの「火加減」、火を止めた後の「蒸らし」を加えた3つのステップが、美味しいご飯を炊くための決め手となります。

つまりは、「水加減」と「火加減」、「蒸らし方」のポイントを押さえることが、美味しいご飯を炊くうえでとても重要なのです。

では、それぞれのポイントを紹介していきましょう。

ポイント1　水加減

●水は米の量の1・2倍が基本

米を炊くときの「水加減」は美味しいご飯になるかどうかの大事なポイントです。

美味しいご飯を炊くための米と水の比率は、米の乾燥度合いや好み（硬めが好きか、柔らかめが好きか）などによってても変わってきますが、「米1に対して水1・2」が基本です。

たとえば2カップ分（400cc）の米を炊くなら、水は1・2倍の480ccということです。重量で計る場合は、米の重さの1・4倍が水の量になります。

なお、「新米の場合は水の量を少なめに」と言われることがあります。確かに含水率（米の粒に含まれる水分の割合）が高かった昔の新米であれば、水を減らして炊く必要がありました。私は子どもの頃からご飯を炊いていましたが、普段と同じように炊くと、新米のときはベチャッとした炊きあがりになって不思議だったことを覚えています。

しかし、現在は、新米でも含水率を調整して出荷されていますので、とくに鍋炊きの場合は、新米だからといって水を減らして炊かなくても問題ありません。

ただし、新米は細胞壁が柔らかいので、ベチャッとなりやすい面もあるようです。米の品種によっては、「通常よりも水を減らして炊いてください」といった説明が書かれている米もあります。その際には、まずは実際に炊いてみて、その炊きあがり具合から判断するのがいいと思います。

ちなみに、地域によって、炊きあがりのご飯の柔らかさの好みがあります。関西では柔らかめのご飯、関東では硬めのご飯が好まれる傾向があります。炊飯器も同様に、以前は関西のメーカーと関東のメーカーでは炊きあがりの硬さが違ったそうです。

●まずは、米に水を十分に吸わせる

炊く前に、米の芯まで水分をしっかりと吸収させる「予備浸水」が重要です。水分をしっかりと含ませてから炊くことで、中までふっくら柔らかなご飯になるのです。

街のスーパーマーケットや米屋で売られている米のほとんどは、ＪＡ全農（全国農業協同組合連合会）を通じて販売されています。そのため、含水率が一定レベル（14・5％が目安）に調整されています。

本当はもう少し含水率が高いほうが美味しいご飯が炊けるのですが、それだと保存性が低くなります。水分量の目安を14・5%にしているのは、美味しさと保存性を両立できる最適な比率だからのようです。

あの乾燥した米に思いのほか水分があって驚かれる方もいると思いますが、実際に米を炊くにはこの水分量では足りません。そこで、米を研いだ後に水に浸し、十分に水を吸わせます。ただし、米に水を吸わせるには時間がかかります。炊飯器はこの工程も炊飯時間に含んでいます。

ちなみに、古米になると吸水率が落ちるので、浸水《しんすい》時間を長くしたり、水を多めに加えたりする必要が出てきます。

米を研いですぐに炊くと、硬く芯のあるご飯に炊きあがります。つまり、生煮えの状態で、まったく美味しくありません。

●浸しすぎも短すぎもダメ。適切な吸水状態とは?

それでは、どのくらい水を吸わせればいいのでしょうか。数字で記すと、14・5%程度だった含水率を25~30%まで高めます。ただ、こう書かれても含水率を測定する方法がないのでピンときませんよね。

そこで、一つの目安になるのが時間です。夏場で約30分、冬場で約1時間程度つけると、だいたい2割増しにした分の水が、米に吸水されます。

しかし、浸す時間は、米の品種や水温などによっても変わります。そこで、時間とあわせて、米の色の変化で判断することをお勧めします。半透明だった米が、中心まで白くなれば、十分に吸水したと判断できます。十分に吸水した米の状態は巻頭の口絵に載せましたので、参考にしてください。

逆に、長く水に浸しすぎると、米からデンプンやタンパク質が流れ出てしまい、炊きあがりが「べチャッ」としたご飯になってしまいます。

ポイント2　火加減

●均一に「アルファ化」させることがポイント

2つめのポイントは「火加減」です。

火加減をどう調整したらいいのか。それを理解するために、加熱により、釜や鍋の中で米がどう変わっていくのかを知っておきましょう。

米を炊き始めると、沸騰するまでの間にも米はさらに水分を吸って柔らかくなっていきます。水に浸したことで十分に水を含んだ米ですが、火にかけることで、さらに水を吸収してふくらんでいくのです。

このときに、米の中で「美味しさへの変化」が起きます。米の主成分は硬い「生デンプン（β《ベータ》デンプン）」ですが、水を吸わせて火にかけることで、ふっくらと柔らかい「糊化《こか》デンプン（α《アルファ》デンプン）」に変わっていくのです。

このとき、米全体を均一に「αデンプン」に変えることが重要になります。この過程を専門的には「米のα化（アルファ化）」と言います。

米は高温で加熱すると、デンプンのアルファ化やタンパク質の分解が進み、美味しくなります。米をアルファ化して「ご飯」にするには、鍋の内部の温度を98℃以上の沸騰状態で一定時間保つ必要があります。だからこそ、美味しいご飯を炊くには、この火加減が大切になってくるのです。

●大きな「対流」が米を立たせる

美味しいご飯に炊きあげるためには、鍋の中の米全体が均一にアルファ化する必要があります。

米全体を均一にアルファ化するうえで重要なのが、鍋の中で起こる「対流」です。釜や鍋の中をイメージしてください。

釜や鍋が火にかけられると、底のほうから水が温められて上昇し、上のほうのまだ冷たい水が下に降りてくる「対流」が始まります。水が沸騰してくると、さらに内部での対流が勢いを増し、米粒がおどるように動いて米全体に均一に熱が入ります。

こうして、すべての米が均一に加熱されてアルファ化されます。美味しいご飯の炊きあがりを表現する言葉で、よく「米が立っている」と言いますが、強い火加減と沸騰状態の維持によって、鍋の内部で対流がしっかりと起きているから、このようになるのです。

●「はじめチョロチョロ、中パッパ～」は間違い？

ご飯の炊き方というと、

「はじめチョロチョロ中パッパ、赤子泣いても蓋取《ふた》るな」

対流のイメージ図

適度な高さがある鍋（釜）だと
大きな対流が生まれる

平べったい鍋だと
大きな対流が起きにくい

というフレーズが有名です。昔の竈でご飯を炊く手順を簡潔にまとめた、いわば「竈炊きの歌」とでもいうべきこのフレーズ。

じつは、

「はじめチョロチョロ、中パッパ、ブツブツいう頃火を引いて、一握りのわらをくべ、赤子泣いても蓋取るな」

というのが正しい内容です。

ようするに、「はじめチョロチョロ、中パッパ」から、その後のフレーズ（ブツブツいう頃火を引いて、一握りのわらをくべ）がすっぽり抜けたまま「赤子泣いても蓋取るな」につながって伝わってしまっているのです。

そのこともあって、「はじめチョロチョロ、中パッパ、赤子泣いても蓋取るな」のフレーズは「美味しいご飯」を炊くためのエッセンスと思われがちですが、じつはかなり誤解されている部分があります。

●最初から強火でいい

まずは、「はじめチョロチョロ〜」の部分です。

このフレーズを聞いた人の多くは、「美味しいご飯」を炊くには「まずは弱火でだんだん強火に」と理解しているのではないでしょうか。実際には、最初から一気に強火で炊いても問題ありません。

ではなぜ、「はじめチョロチョロ〜」と歌われていたのでしょうか。

昔は竈に釜をかけていました。竈は火を入れてもすぐには強火にならず、小枝などの炊きつけがチョロチョロと燃えはじめたからだと考えられています。「はじめチョロチョロ〜」に続く「中パッパ」も、竈の中が弱火から徐々に火力が強くなって釜の中が沸騰していく様子、と考えれば納得できます。

つまり、このフレーズは炊き方、火加減のノウハウというより、時系列で竈の火の状態を表現しているのです。ですから、すぐに強火にできるガス火などでご飯を鍋で炊くときは、最初から強火で炊いてかまいません。

●「冷めても美味しい」ご飯も水加減・火加減しだい

火加減は、炊きあがったご飯の美味しさを保つうえでも重要です。ご飯のαデンプンは、温度が下がると時間の経過とともに、もっちりとした食感がボソボソになります。この状態を「デンプンの老化」と言います。

老化のスピードは水加減、火加減、冷まし方によって変わります。わかりやすい例が、電子レンジで炊いたご飯。炊きたてはいいのですが、すぐにご飯がボソボソになり、食感が悪くなります。十分なアルファ化がおこなわれないことで、老化が早まるからです。

高温で一定の時間、加熱することでアルファ化されたデンプンは、低温でゆっくりアルファ化されたデンプンと比べて「老化」しにくいことがわかっています。つまり、正しく炊いたご飯は「冷めても美味しい」ご飯になりやすいということ。

このことからも、ご飯を炊くときは、基本的に早めに沸騰状態になるように強火で一気に加熱。沸騰したら、その状態が一定時間続くように火力を調整する（中〜弱火）ことがポイントになるのです。

●「蓋」は取っていい！

もう一つ、「赤子泣いても蓋取るな」というフレーズも、ご飯を炊き始めたら釜や鍋の「蓋を開けてはいけない」と誤解している人がとても多いようです。

これも結論から言えば、ご飯を炊いているときには「蓋を開けてもかまいません」。というより、火加減を確認するためにも、慣れないうちは蓋を少し開けて中の様子を確認したほうがいいのです。

中を覗《のぞ》く程度に蓋を開けるぶんには、炊きあがりに影響は出ません。火をかけている間は、蓋をすれば鍋の中の温度もすぐに元に戻りますから、安心して開けて大丈夫です。

釜や鍋でご飯を炊こうとして、硬く炊きあがってしまったり、焦げ付いてしまったりと失敗した経験のある人の話を聞くと、ほとんどの人は炊いているときに蓋を開けて中の様子を確認していないようです。だから、「火加減がむずかしい」と思い込んでしまっているのです。

ご飯を炊いているときに、釜や鍋の蓋を開けて中の様子を確認し、「おっ、沸騰してきたな、そろそろ火を弱めるか」と調整していけば、まず失敗することなく「美味しいご飯」を炊くことができます。

火の加減のイメージ図

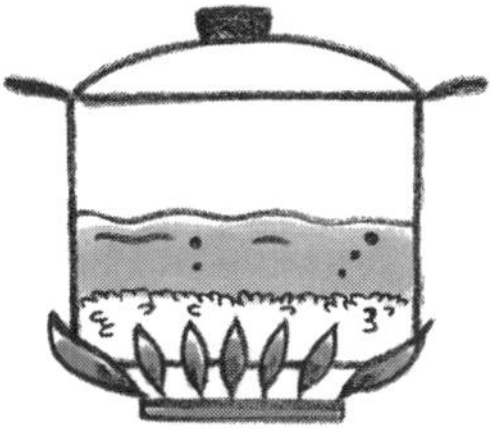

炊き始めは強火

▼

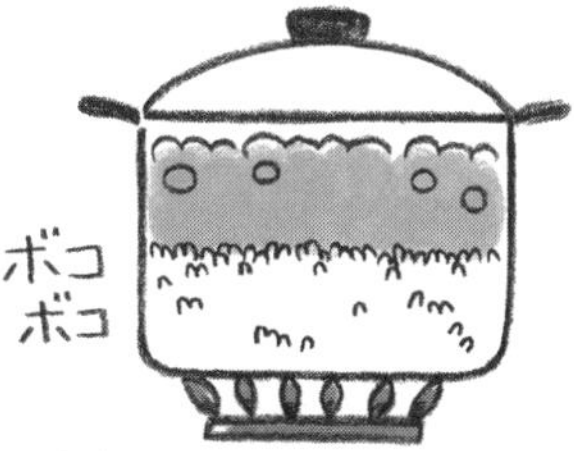

沸騰してボコボコいいだしたら、
中火にして沸騰を維持させる
（炊飯用土鍋など保温性がとくに高い鍋なら弱火でもＯＫ）

▼

米の表面が見えるようになり、
ブツブツという音が聞こえだしたら弱火に

では、「赤子泣いても蓋取るな」とは、いったい何を示しているのでしょうか。

これは「蒸らし」の際の注意点です。鍋を火にかけている間は、少しくらいなら蓋を開けてもかまいません。しかし、「蒸らし」の段階に入ったら、絶対に蓋を開けてはいけません。

子どもが「お腹減った」と泣いても、蒸らしが終わるまではあせってはいけませんよ、ということを「赤子泣いても蓋取るな」という言葉で表現したのです。

ポイント3 蒸らし

●ふっくらご飯の最後の決め手が「蒸らし」

「美味しいご飯」を炊く3つのポイントのうち、ここまで「水加減」と「火加減」について説明しました。いよいよ、美味しいご飯を炊く際の「最後の決め手」ともいえる「蒸らし」です。

「釜炊き」や「鍋炊き」の最終段階では、沸騰していた状態から内部の水分が少なくなってきたら（鍋の縁《ふち》からブツブツという音が聞こえはじめたら）、中火だったのを弱火にします。そして、水気がなくなったら一度強火にして、パチパチと乾いた音がしたら、そのまま10秒間保ち、内部の温度と圧力を一気に高めます。その後、火を止めます。

この手順を経てからの「蒸らし」が炊飯の最後の仕上げになるのです。

米は、吸水と炊飯を経て、生米の約2・3～2・4倍に大きくなっていますが、蒸らしの間にも米が水分を（2～3％）吸収して、さらにふっくらとふくらみます。

こうして、米の大きさは当初の約2・5～2・6倍になります。これでアルファ化が完結し、ツヤツヤとした「美味しいご飯」に炊きあがります。

蒸らしのポイントは、火を止める直前に10秒間強火にした後、「赤子泣いても蓋取るな」です。強火にして火を止めた時点から蒸らしが終了するまでの10分間、蓋を開けずにひたすら待つことです。

Ⅱ 世界一美味しいご飯を炊いてみる

3．米を選ぶ

●たくさんの品種から、自分好みの米をどう選ぶか

さあ、ここからは、「世界一美味しいご飯」を実際に炊く手順を紹介していきましょう。まず、米の選び方です。

みなさんは、普段、どうやって米を選んでいますか？　スーパーや米屋などの店頭で米を選ぶときに、「品種（銘柄）」や「産地」「収穫年」「農法」などを確認して買う人は、なかなかこだわりのある人ですね。その一方で、「米選びのポイントは値段」と割りきっている人もいるでしょう。

そんな人でも、どんな米が好きか、たとえば「もっちりとしたご飯が好き」とか「さっ

ぱりめのご飯で、硬めに炊いてあるほうが好き」など好みがあると思います。

米選びには、産地や収穫年、農法などのポイントがありますが、特別にこだわりがある人でなければ、まずは自分が「どんなご飯が好きなのか」を基準にしていろいろと試してみるのがいいと思います。

選ぶときのポイントの一つとなるのは「品種」です。米は「品種」によって、食べたときの食感や香りなどが異なるからです。

米の主な品種としては、ほぼ全国で作られているコシヒカリをはじめ、東北地方中心の「ひとめぼれ」や「あきたこまち」、西日本で多い「ヒノヒカリ」、北海道の「ななつぼし」など300種ほどあります。

日本人は一般に「もっちり」感を好む傾向が強く、市場に出回る品種も「もっちり」とした食感の「コシヒカリ系」が人気のようです。「ひとめぼれ」や「あきたこまち」、「ヒノヒカリ」などはいずれもコシヒカリを「親」として生まれた品種です。

また、各米屋やメーカーによって独自のブレンドをしていることも多くあり、バランスのとれた食感に調整しているものもあります。

ちなみに、私たちの料理教室で使うことが多いのは、長野県佐久市の「五郎兵衛米」（品種はコシヒカリ）という米で、現地から直接取り寄せています。

五郎兵衛米は米の流通量は少ないのですが、とても美味しいと私の父であり近茶流宗家の柳原一成が気に入って使っています。米は稲を収穫した後に乾燥させるのですが、五郎兵衛米は天日干しで乾燥したものも多く、そのため、天日乾燥ならではのうま味と香りが堪能できます。

●精米後、美味しく食べられる期間は？

米を選んだら、次に考えるのは「どのくらいの量を買えばいいのか」ということ。米を買う量は、じつは「美味しいご飯」を炊くうえでとても大切な点です。

というのも、米が一番美味しいのは「精米したて」だから。通常の米（玄米を精米した精白米）は、米粒を保護していたぬかが取り除かれ乾燥しやすくなっています。言ってみれば、米は精米されてからの時間の経過にあわせて、美味しさが徐々に失われていっているのです。

ということは、あまり大量に米を買ってしまうと、食べきるまでに数カ月もかかってしまい、その間に米の美味しさが徐々に失われていきます。精米からあまり時間が経たないうちに「食べきれる量」で購入しましょう。

店頭売りの米は、以前は5kgと10kg入りばかりでしたが、最近は2kgや3kg入りのものも多く売られていますし、店によっては1kg入りを置いているところもあります。米の賞味期限は夏場で2カ月、冬場なら7カ月程度ありますが、できれば2週間、長くても1カ月ほどで食べきれる量を買いたいところです。

●「精米年月日」と「生産年」を必ず確認

購入時に必ず確認したいのは精米年月日と生産年です。スーパーでもコンビニでも米屋でも、袋入りの米には必ず「精米年月日」が記載されています。また、「生産年」もおおむね記されています。

注意したいのは、精米年月日は「17.11.9」のように西暦で、生産年は「29年産」のように年号で表記されていて、精米と生産が同一年かどうか直観的にわかりにくいものが多いことです。

美味しい米にこだわるなら、「精米年月日」と「生産年」は必ず確認しましょう。

なお、精米からの時間によって美味しさが失われてしまうことを考えると、玄米を買って家庭用精米機を使って自宅で精米するのも手です。家庭用精米機がなくても、米屋で玄米を購入して店頭で精米してもらう、スーパーなどにあるコイン精米機を使うということもできます。

ただし、玄米を取りまくぬかは、油分が多いため、米を乾燥から守ってくれる半面、酸化しやすいという面もあります。ですので、保管状態が悪いと、酸化が進みやすいので注意が必要です。

ちなみに新米とは、収穫した年の12月31日までを言うことができます。

●「無洗米」をどう考えるか

米の選択肢として、玄米や精白米のほかに「無洗米」があります。

通常、玄米を精白してぬかを取り去っても、精白米の表面には「肌ぬか」が残っています。無洗米は特殊な製法によって、この肌ぬかを取り去っているのです。

そのため、価格は通常の精白米より若干割高なようですが、通常の米のように炊く前に「米を研ぐ」必要がありません。ほこりなどを落とすために洗うだけで炊くことができます。

そんな便利さから、無洗米は市場では一定のシェアを持ち、店頭でも精白米ほどではないものの、多様な品種が売られています。

無洗米は肌ぬかが付いていないぶん、普通の精白米と比べて酸化しにくいとも言われていますが、炊く直前まで肌ぬかによって守られている精白米と比べて、乾燥などの劣化が早いようです。また、実際に炊いてみても、精白米より香りが少なく、炊いたあとも時間とともに美味しさが失われていくのも早いように感じます。買ったらなるべく早く使うことをお勧めします。また、水加減ですが、ぬかがないぶん、1・3倍量の水を加えたほうがいいでしょう。

給食や弁当屋など毎日大量に米を消費するところでは、無洗米は非常に便利です。多量の米を研ぐ時間と労力も大変ですし、すぐに消費されるのであれば、劣化の心配もないからです。

4. ご飯を炊く鍋や釜の選び方

●「米の3倍」の容量の鍋を選ぶ

鍋でご飯を炊こうとする人の中には、どのくらいの大きさの鍋を選べばいいのかと迷ってしまう人も多いのではないでしょうか。

「美味しいご飯」を炊くには、釜や鍋の大きさも大切です。

美味しいご飯を炊くには、効果的な対流を起こすことが必要であるとお伝えしました。

米の量に対して鍋が小さすぎると、鍋にぎっしり米が詰まってしまい、沸騰しても水がスムーズに対流しないため、全体的に均一にアルファ化せず、硬く炊きあがりやすくなります。また、鍋の内側一杯にまでご飯が達してしまいます。これは「張《は》り釜《がま》（釜張り）」と呼ばれ、蓋とご飯が近いため、蒸らすのに必要な熱と蒸気のスペースがなく、ふっくらと炊きあがりません。

反対に鍋が大きすぎると、アルファ化が不十分なうちに水分が沸騰、蒸発してしまいます。やはり硬い炊きあがりになります。

米のアルファ化に理想的な対流を起こす鍋の大きさは、米の容量のおよそ3倍が理想です。

たとえば、3合（540cc）の米を炊くには、9合（1620cc）前後の鍋が理想とされています。試しに、炊飯に使おうとしている鍋に計量カップで水をいっぱいまで入れると、どのくらいの容量になるか確認しておくといいでしょう。

ちょうどいい大きさの鍋で炊くと、炊きあがったご飯が鍋の7～8合目くらいにまで来ます。これが美味しいご飯が炊ける適切な鍋のサイズです。

ちなみにこれは、電気炊飯器で炊くときも同じです。5合炊きの炊飯器なら、4合程度を炊くのが一番美味しく炊ける量になります。

形も重要で、容量がちょうどよくても、高さがなくて平べったい鍋は、ご飯を炊くには不向きです。大きな対流が起こりにくくなるからです。ある程度の高さがある鍋を選ぶようにしましょう（41ページ参照）。

●羽釜、ホーロー、土鍋、アルミ…炊飯に適した鍋は？

次に、釜や鍋の種類についてですが、炊飯に向いた鍋には「羽釜」「ホーロー鍋」「土鍋」

などいろいろな種類があり、それぞれに長所と短所があります。

昔ながらの羽釜には、アルミ製、鉄製があり、炊飯には理想の形をしていて良いのですが、現代のコンロに置くには不安定で、ひと昔前は羽釜を安定させる「はかま」がありましたが、最近では手に入りにくくなっています。

土鍋は、最近では炊飯用のものも売られています。美味しく炊くことができるのですが、土鍋の特徴として、温度が上がりにくく、下がりにくいので、火加減に注意が必要です。また、普通の土鍋で炊くことはお勧めしません。土鍋は本来、汁が入ったものを料理する道具で、炊飯のように空炊きすると割れてしまうことがあります。炊飯用の土鍋を使ってください。

ル・クルーゼやストウブのようなホーロー鍋は、家庭では一番扱いやすいかと思います。熱源も、ガス、電気を選ばず使うことができ、手入れもしやすいです。ただし、ぶつけるとホーローが割れて、さびやすくなります。

家庭によくあるステンレスやアルミの鍋は、保温性ではこれらの鍋には劣りますが、火力をちゃんと調整すれば沸騰を維持することは可能ですから、十分に美味しいご飯を炊くことができます。

ただし、とくにアルミなどの軽い鍋の場合は、次項で説明する「蓋」がポイントになります。

●鍋以上に重要な「蓋」

ご飯を炊く場合には、蓋にある程度の重さがあることが重要です。蓋が重くしっかりしていると水分が外に逃げにくくなります。内部に圧力がかかって98℃以上の高温を保つことができます。

反対に蓋が軽くてカタカタおどってしまうようですと、内部から蒸気がどんどん逃げて圧力が高まらず、高温も保てず、ふっくらとした美味しいご飯を炊くことができません。

羽釜の重い木製の蓋や、土鍋やホーロー鍋の蓋なら問題ありませんが、軽いアルミ鍋しかないのであれば、蓋だけはホームセンターなどで売っているガラス製などの重めの蓋などに替える必要があります。ガラス製なら炊いている最中に蓋を開けなくても中の状態を確認できるので便利です。

5. 米を研ぐ

●「研ぎ」が食感を左右する

米を選び、炊く量に合った釜や鍋を決めたら、米を研ぎましょう。

いままで乾燥やほこりから米を守ってくれていたぬかを落とし、米のきれいな表面を出すのが「研ぐ」作業です。

この「研ぐ」に関しては、いまは精米技術が上がったので、米は研がないほうがいい、洗う程度でいいなど、いろいろな情報がありますが、私は「研ぐ」ことをお勧めします。なにより「銀シャリ」と呼ばれる、ピカピカした白いご飯を炊くには必要な作業です。

●すりきりで量をきちんと計る

それでは、まずは、米の計り方から。

大切なのは「米の量を正確にきっちり計る」こと。米の1合とは通常180ccで、近茶流の料理教室でもそうですが、いまは計算しやすいように1カップ200ccで計量することも多くなっています。キリのいい数値のほうが、水加減の計算も簡単で便利だからです。

　このカップで米を山盛りですくって、箸など平らなもので「すりきり」にすると、正確に測ることができます。美味しいご飯を炊くには、米と水の量の割合が大切になりますが、いつも正確に米の量を計ることで、毎回安定して美味しいご飯を炊けるようになります。

　ここでは400ccの米を炊くとして、2カップ分の米をボウルに入れます。このとき、米の「入れ方」にも注意です。一般に流通している水分量を調整された米は、手荒に扱うと、米の粒が割れてしまう「割れ米」や、クラックが入った「ひび米」になりやすく、炊きあげたときの食味を損ないます。

　米をボウルに入れるときには、丁寧に。高いところから米を注ぐようにはせず、ボウル底近くから静かに広げていくように丁寧に扱いましょう。

●最初に水を入れるときが要注意！　米が一番割れやすい

　ボウルに米を入れたら水を注ぎ入れます。じつはこのときがもっとも注意が必要です。乾燥した米が最初に水を吸ってふくらむときに、もっとも割れ米やひび米が発生しやすいからです。

とくに夏を越した米や古米は、精米してから時間が経ち、含水率が落ちて乾燥が進んでいるので、本当に一瞬で割れたりヒビが入ってしまいます。水は勢いよく注がず、静かに入れるようにしましょう。

ちなみに、私は水道の蛇口から流れ落ちてくる水が直接米に当たらないよう、いったん手で受け止めて、衝撃をやわらげながら注いでいます。

●最初の水はすぐに捨てよう

米を研ぐとき、もう一つ重要なのは、「最初の水はすぐに捨てる」ということ。米に水を注ぐと、米の表面を薄く覆っていた肌ぬかが流れ出します。水を入れたとたんに、米はすぐに3〜4%、水を吸います。

そのまま時間をおくと、米が流れ出したぬかのにおいを吸い込んでぬか臭くなってしまいます。そのため、最初に入れた水は、ほこりを落とすつもりで、さっと手で米を2〜3回かきまわしたら、すぐに捨てるようにしてください。

水を捨てる際は、ボウルの縁に手を添え、米が流れ出ても大丈夫なように、ザルで受けておくといいと思います。

●いまどきの米は「研ぐ」？　それとも「洗う」？

最初の水を捨てたら米を研ぎます。最近は精米技術が進んで、ついているぬかが少なくなっているのは事実です。昔ほど力を入れずに、研ぐ回数も少なくてすみます。

しかし、やはり研ぐことで、ツヤが良く、白いご飯になることは変わりません。

まずは水気をきるところから始まります。水が多いと米どうしがすべって、研ぐことができません。また、ザルの中で研ぐと、ザルの目で米の表面が荒れてしまうので避けたほうがいいでしょう。

研ぎ方は、掌《たなごころ》（手のひらの親指の付け根あたりの柔らかいところ）を使って米を軽くボウルの壁や鍋肌に押し当てながら、米どうしをやさしくすり合わせていきます。含水率の高かった昔の米は、力をこめてザッザッザッとこすりつけるように研いでいましたが、精米技術が上がったいまの米は、手のひらとボウルの壁を使って、やさしくシャッシャッシャッと研ぐ感じで十分です。

30～40回ほど研いだら水を注いで、最初と同じように水を捨てます。この研ぐ作業を2回繰り返した後、水が透明になるまで数回水を入れ換えてから、米を鍋に移します。

いまの米なら、研ぐのは通常2回程度で十分ですが、水の濁りが気になるようでしたらもう1回繰り返してください。また、研いだ後、透明になるまで水の替えを2～3回繰り返しますが、完全に透明になるほどまで徹底する必要はありません。

ちなみに、米の研ぎ汁は「白水《しろみず》」といって、江戸時代から、大根を白く下煮したり、里芋のぬめりを抑えたりする効果があることが知られていました。その活用法は178ページに掲載しています。

●温水で研いではいけない理由

冬の寒い日などに米を研ぐときには、ぬるま湯を使っている人もいるかもしれません。お気持ちはわかりますが、米を研ぐときは、あまり温度の高い水を使わないようにしてください。私も小さい頃に、近茶流の先代宗家だった祖父から「米をお湯で研いではいけないよ」とよく言われました。

というのも、米が水を吸う速度は、水温が高くなるほど速くなります。したがって、なるべくぬかのにおいを吸わせないようにするには、できるだけ冷たい水で研いだほうがいいのです。

冷蔵庫で冷やした水である必要はありませんが、できるだけ冷水を使うようにしましょう。

米が水を吸う速度と水温の関係は、次節でもう少し詳しく説明します。

6. 水につける

●鍋炊きの場合、水の量は炊きながら調整もできる

米を研いだら、次は米を水に浸します。米が入った鍋に、計量カップを使って水を入れていきます。

美味しいご飯を炊くための米と水の比率の基本は、先にもお伝えしたように、「米1に対して水1・2」です。

多少の水の量の多さは、鍋炊きの場合、火にかける時間で調整できますので、米の量ほどは厳密に計る必要はありませんが、「米の1・2倍」という基準はしっかり覚えておきましょう。柔らかめのご飯が好きな場合は、水を1・3～1・4倍にします。

●水はミネラルウォーターを使うべきか

米を炊く際に、

「研ぐときは水道水でも、炊くときはミネラルウォーターがいいのでしょうか」

と聞かれることがあります。

日本は基本的に水道水がきれいで、最近は浄水場の能力も高く、以前ほどカルキ臭も少なくなりました。しかし、地域によっては水のにおいが気になるところもあると思います。気になる場合は、浄水器もかなり性能が良くなっていますので、浄水器を通せば、水道水でも十分に美味しいご飯を炊けると思います。

それでもダメな場合には、もちろんミネラルウォーターを使ってもかまいません。ただ、その場合に気をつけることは、必ず「軟水」(硬度100mg/L未満)の水を使うこと。日本の水は一部地域を除き、炊飯に適した軟水です。日本産のミネラルウォーターなら問題ありませんが、海外、とくにヨーロッパ産のミネラルウォーターは「硬水」が多く、日本のご飯を炊くのにはあまり適しているとは言えません。日本の米を硬水で炊くと、ちょっと芯が残った感じの硬い炊きあがりになります。

じつはパスタでも同じで、「アルデンテ」という硬めの茹《ゆ》で方があります。日本では茹で時間を短くすることでアルデンテにしていますが、本来は硬水で茹でると自然にアルデンテになるのです。米も同じなのです。

日本の水がほぼ軟水とはいえ、地域によって硬度は異なります。大雑把には、関東や九州などの水は硬度が高めの軟水で、関西や北海道・東北などの水は硬度が低めの軟水です。水の硬度による炊きあがりの違いだけではないと思いますが、前述したように、関西では柔らかめのご飯、関東では硬めのご飯が好まれる傾向があります。京都と東京に店を持つ料理屋では、関西と関東で米の炊き方を変えているほどだそうです。

転勤してからご飯がうまく炊けなくなったという経験をお持ちの方は、左記のサイト*で水道水の水質を調べてみるといいでしょう。

また、最近、イオン水にする機能が付いた浄水器もありますが、アルカリ性の高い水でご飯を炊くと、パサつき、黄色味の強い仕上がりになるのでお勧めしません。これはミネラルウォーターでも同じです。

＊参考サイト：公益社団法人日本水道協会　水道水質データベース（http://www.jwwa.or.jp/mizu/）

●最後は必ず自分の目で米の状態を確認

研いだ米を水につけて、米粒に十分な水を吸わせることを「研ぎづけ」と呼びます。研ぎづけの時間は、一般的に「夏場は30分、冬場は1時間」といわれます。この差は主に水の温度によります。水温が高いほど吸水時間は短くなります。

時間はあくまでも目安であり、米の種類、品質、室温によって、時間が変わります。一番いい判断基準は「米の色」。研いだばかりの米は半透明の粒ですが、十分に吸水した米は、白色へと変化します。時間を目安として、最後は自分の目で見て、判断してください。

●前の晩に研いで、翌朝炊くときの注意点

前の夜に米を研いで、水につけておき、朝に炊く（あるいはタイマーでセットしておく）という人は少なくないでしょう。そうすると、一晩中、米を水につけっぱなしの状態になってしまいます。前述のとおり、米からデンプンやタンパク質が流れ出てしまい、炊きあがりがベタつきの多いご飯になってしまうので、じつはあまりお勧めしません。

翌朝にご飯を炊くのであれば、前日に米を研いで水につけ、十分に吸水させたら、いったん、ザルに上げておくのがいいでしょう。これを「研ぎ上げ」または「洗い米」と言い

ます。注文を受けてすぐに炊かなければならない料理屋などがよく使う方法でもあります。ほこりや乾燥を防ぐためにふきんで覆って冷暗所に置いたり、ビニール袋などで密閉して冷蔵庫に入れておきます。そして翌朝、釜や鍋にあけて再度、水を入れて炊くのです。

研ぎ上げでは、炊く際の水の量が変わります。すでに米は十分、水を吸っていますので、水に浸す前の米と同量にします。２合の米だったら、水も２合（３６０cc）にするのが基本です。炊飯器の場合は目盛りは２割増しになっているので、計量して水を加えてください。水につけてから長期間置くのは衛生面で良くないので、研いだ次の日には使いましょう。

●十分に水につける時間がないときには

米を水につける時間の目安は夏で30分、冬で1時間程度ですが、その時間がない、それでもご飯を炊きたい、というときにはどうしたらいいでしょうか。

そのような場合は、つける水の温度を上げると吸水時間を短縮することができます。方法は簡単で、米と水を入れた鍋を火にかけて、水温計で40～50℃くらいになったら止めます。この温度だと15分くらいで、炊き始めることができます。

ただし、米は低温でゆっくりと吸水するほうが、柔らかく粘りのある炊きあがりになり、ご飯の保存性も高まるという実験結果*や、温度を高めて吸水させると最大含水率（米が含むことのできる水の最大量）が下がるという指摘もあります。

時間があり、十分に吸水させることができる場合には必要のないことでもあり、中途半端な加温は、タンパク質の流出や老化の原因になるので、時間がないときのワザとして覚えておくといいでしょう。

*出典：「浸漬温度と白米および蒸米の吸水性」花本秀生・中井進・中沢英五郎・清水正・竹村成三 昭和51年6月8日 日本醸造協會雑誌 vol.71(1976)No.11 P890-892公益財団法人日本醸造協会

7．火にかける

●ご飯が炊きあがるまでの流れ

さて、いよいよ鍋で炊きましょう。はじめに「米」が「ご飯」に炊きあがるまでの一連の流れを紹介します。ここではガスコンロで説明していますが、ＩＨクッキングヒーターでも手順は同様です。

1. 鍋を強火にかけ、ボコボコと沸騰した状態まで一気に加熱する。

⇩

2. 沸騰してボコボコいいだしたら中火（炊飯用土鍋など保温性がとくに高い鍋なら弱火でも）にして、沸騰状態を維持。

⇩

3. 表面をおおう水分が少なくなって、鍋の縁のほうからブツブツと音がするようになったら弱火にする。

⇩

4. 表面に見える水気がなくなり、強火にしてパチパチと乾いた音が聞こえたら、そのまま10秒加熱して火を止める（パチパチと聞こえないようなら弱火に戻す。鍋によってはパチパチ聞こえない無音の場合もあり、そのときはサッと蓋を開けて、鍋の縁に水分が完全にないことを確認する）。

⇩

5．蓋を開けずに10分間蒸らした後、ご飯の上下を返して全体の水分を均一に仕上げる。

鍋の種類や米の量により所要時間は多少、変わりますが、基本的には1～5までの工程で20～25分ほどです。強火↓中火（～弱火）↓弱火↓強火の順に火加減を調節してから、火を止めて蒸らします。次からそれぞれの過程を詳しく説明します。

●はじめから「パッパ」

ご飯を鍋で炊くときの原則は、「はじめから強火」です。

米を炊く目的は、デンプンをアルファ化して美味しく食べられるようにすることですが、低温でゆっくりアルファ化させるより、高温で一気にアルファ化させたほうが、美味しくふっくらと炊きあがり、また老化しにくくなります。アルファ化に適した98℃以上になるまで強火で早く温度を上げるようにします。

ただし、鍋の大きさに比べて米の量が少なかったり、炊く量が1合や1合半程度の少量の場合、水の量も相対的に少なくなるため、強火だと米が芯まで完全に水を吸う前に沸騰が始まってしまい、硬い炊きあがりになることがあります。

この場合は強火ではなく、中火で加熱することによって沸騰までの時間を少し長くします。あるいは、水の中に氷を数個入れて炊いたり（氷の分、水の量を減らします）、冷蔵庫で冷やした水で炊いたりすることでも、沸騰するまでの時間が長くなるので同様の効果が得られます。

沸騰するまでの時間をいろいろ試してみましたが、沸騰まで最短4分程度かければ美味しく炊きあがります。近茶流の授業で使っている釜でも、3カップ分を4～5分で沸騰させています。

炊飯用の土鍋などでは沸騰まで8～10分程度かかることがありますが、この程度の範囲なら問題ありません。

column

いろいろなご飯の炊き方――「湯炊き」と「湯取り」

米を研いで水につけてから炊く方法は「炊き干し法」と呼ばれたものです。その方法以外にも米の炊き方があります。

一つめは、「湯炊き」です。鍋に先にお湯を沸騰させておいて、煮立ったお湯の中に米を入れる方法です。水加減は1・1倍と水の量を少なくします。

湯炊きをすると、粘りが少ないさっぱりとした炊きあがりになります。

いままでも、火力が弱い場合や、大きな鍋で大量のご飯を炊く場合など、この「湯炊き」でご飯を炊くことがあります。

十分な火力が与えられない場合、底は熱くなっても上までは熱が伝わらずに、米が半煮えの状態になってしまうことがあります。そんなときには、最初にお湯を沸かし、グラグラしたお湯の中に米を入れてかき回すことで対流を起こし、ムラなく均一な炊きあがりにするのです。防災時の炊き出しなどでも役に立つご飯の炊き方です。

また、寿司飯を炊くときも昔は湯炊きにしていました。水から時間をかけて炊くよりも少し硬めに、粘りも少なく炊きあがるので、寿司飯に適しているからです。近茶流でも15年ほど前まで、寿司を作るときだけは湯炊きをしていました。いまでは、米の水分量の変化や、火力の強いガス釜、炊きあがりを細かく指定できる炊飯器なども登場し、炊飯技術の進化とともに湯炊きをするお寿司屋もほとんどなくなりました。

湯炊きと似た方法に「湯取り」という炊飯法があります。これは、たっぷりの水、または沸騰したお湯に洗った米を入れて煮る方法です。水分がなくなるまで炊きあげるのではなく、米が柔らかくなったらザルなどですくって取り出し、お櫃《ひつ》などに移して蒸らすのです。この方法では、水分の多いベタッとしたご飯になります。

毎年3月に行われる奈良・東大寺の「修二会《しゅにえ》（通称「お水取り」）」の中で、深夜、練《れん》行衆《ぎょうしゅう》（修二会に参籠する僧侶）が空腹をしのぐために食べる「ゲチャとゴボ」というものがあります。これは、米を番茶で煮て「湯取り」にして、柔らかい米を食べ、残った汁を煮詰めて、重湯にします。連日夜通し行われる厳しい修行を終えた僧たちの胃にもやさしく、冷えきった体にしみわたるご飯となります。

8．沸騰したら中〜弱火で

●沸騰状態になったら火力を調整

鍋の中でボコボコと音を立てて水分が沸騰するようになったら、火を弱めて中火にして沸騰状態を維持します。沸騰を維持することが目的ですから、厚手で保温性の高い炊飯用の土鍋などでは、この時点で弱火にしても大丈夫なものもあります。

このとき、鍋の内部は蓋をしていることで、圧力がかかり、温度は１００℃以上になります。また、沸騰により全体に対流が起きます。

この状態を維持し続けることで、鍋の中では米がすべてアルファ化し、ムラのない炊きあがりになるのです。

ここは、ご飯を炊く工程の中で、火加減が一番むずかしいところです。火が強すぎればすべてがアルファ化する前に水分がなくなってしまいます。弱すぎるとアルファ化が不完全で芯が残ったような炊きあがりになってしまいます。

沸騰状態を維持できる火加減に注意してください。火加減は米の量で火力も時間も変わります。沸騰状態が維持できているかどうかは、鍋の蓋を少し開けて中を確認すればわかります。

もちろん、慣れていれば鍋の中がどういう状態なのかは音や、蓋を押さえた手から伝わる振動でも判断できるようになります。

沸騰状態のときは、まだ米の上まで水分が残っていて、ボコボコと噴き出しているのがわかります。この状態を続けられるように、火力を調整していけば大丈夫です。

●ブツブツといいだしたら弱火に

やがて米の上でボコボコ沸騰していた水分が減ってくると、米の表面が見えるようになり、米の間や鍋の縁から「ブツブツ」というような音を立てながら、小さい気泡が立ちます。全体の水分は抜けてきたが、米の周りにはまだ水分がある状態です。

こうなると、鍋の底のほうの水分がなくなるのも、もう時間の問題です。小さい弱火状態を保ちます。

ここでも、「ボコボコ」から「ブツブツ」への変化がわかりにくければ、ちょっと蓋を開けて中を確認しましょう。

蓋を開けると内部の温度が下がりますが、火にかけた状態ですので、閉めれば温度がすぐに上昇してアルファ化が続きます。

もし、保温性の高い鍋を使っていて、沸騰後からすでに弱火にしているのであれば、そのままの弱火を続けてかまいません。

この状態を2～3分程度続けます。米の量などにもよりますが、沸騰したところからここまでだいたい8～10分程度になります。

●パチパチと乾いた音が聞こえたら、最後に「強火で10秒」

米の周りの水分が抜け、鍋の底のほうで水分がなくなってくると、鍋の中の音が「ブツブツ」から「パチパチ」と乾いた音に変わってきます。

鍋によってはこの音が聞こえづらいことがあるので、その場合は強火にします。パチパチと乾いた音が聞こえたら、そのまま10秒間、強火を保ってから火を止めます（まだ聞こえなかったら弱火に戻す）。この火を止める直前に10秒間、強火にすることが重要です。

こうすることによって、内部の温度を一気に上げて圧力を高め、最後の吸水をうながし、米をふっくらと仕上げます。竈炊き歌でいう「一握りのわらをくべ」の部分です。

竈炊きの時代、わらを入れると残り火に引火して、大きく燃え上がり、すぐに燃え尽きます。これを現代の鍋炊きでは、わらの代わりに10秒の強火で再現しているのです。

●キッチンタイマーを上手に活用しよう

ここまでの一連の作業、すなわち、強火で沸騰させ、中火（～弱火）で沸騰を維持し、さらに弱火で水分を飛ばすところまでは、同じガスコンロ、同じ鍋、同じ米の量で何度か炊いていると、毎回蓋を開けて中を確認しなくても時間の目安がわかるようになります。

たとえば、ホーロー鍋なら、沸騰まで強火で6分、中火で沸騰維持を6分、弱火にして2分という感じです。鍋炊きに慣れて余裕が出てきたら、ご飯炊きと並行しておかずの調理などにとりかかることもできるでしょう。

でも、おかず作りに気を取られて気がついたら水分がほとんどなくなっていたりすると、炊きあがりが台無しになってしまいます。そういう心配を減らす必携アイテムが、キッチンタイマーです。

先の例であれば、タイマーを2個用意して、それぞれ6分、12分にセットして点火時にオンにすれば、強火から中火に変更する時間と、さらに弱火にする時間にアラームが鳴るようにできます。

おかずの調理に気を取られてしまってもアラームが鳴れば気がつくので、失敗も少なくなります。

9．蒸らしと天地返し

●家庭で炊く量なら10分

蒸らしは、水加減、火加減に続く、美味しいご飯を炊くための最後の決め手です。蒸らしによって米は水分をさらに2～3％吸収してふくらみ、アルファ化が完結して、よりふっくらした炊きあがりになります。

最近の炊飯器は蒸らしまで自動実行してくれるものが多いこともあって、一般の人にはあまり意識されませんが、美味しいご飯を炊くためには不可欠、かつ重要なステップです。

蒸らす時間の目安は、1升も2升も炊く大きな釜なら15分程度必要ですが、家庭で炊く5合程度までなら10分で十分です。それ以上蒸らしても鍋が冷めていってしまうので、「蒸らしは10分」と覚えておいてください。

●蒸らしこそ「赤子泣いても蓋取るな」

水加減や火加減と異なり、蒸らしには工夫や試行錯誤の余地がありません。10秒間の強火後に火を消したら、そのまま10分間何もしないで待つだけです。

このとき、どんなにお腹が減っていても、蓋を開けて内部の様子を確かめてはいけません。火を消しているために、蓋を開けると鍋内部の温度が急激に下がってしまうからです。

蒸らしの過程では、鍋の中に水蒸気が充満しています。その水蒸気を米が徐々に吸い込みながら、アルファ化を完了させ、ふっくらとなります。ところが、蓋を開けてしまうと、鍋の中の温度が急激に下がり、水蒸気が水滴となって鍋の内側の壁についたり、鍋の底のほうに溜まってしまいます。

炊きあがった後に鍋をひっくり返したとき、ご飯全体がスポッと抜けてしまうような状態を「釜が入《い》る」と言いますが、これは蒸らしの段階で温度が下がってしまうことで起こります。美味しくない炊きあがりの典型例ともされていますが、こうなってしまうとやり直しがききません。せっかく美味しく炊きあげたご飯も台無しです。

蒸らしに入ったら、絶対に蓋を開けずに10分間、待つことを心がけましょう。

●「天地返し」でツヤツヤご飯に仕上がる

10分経ったら、蓋を取ってしゃもじで「返し」をおこないます。蒸らしたご飯の上下を入れ替えることで、「天地返し」と呼ばれます。

蒸らし終わったご飯は、鍋の中心部ほど水分が多く、不均一な状態になっています。しゃもじを使って上下を返すことで、余分な水分を飛ばし、水分を均一に整えることができます。天地返しによって空気に触れた米にはツヤが出て、ピカピカ輝く、いわゆる「銀シャリ」になり、ご飯の美味しさがよりいっそう引き立ちます。

さらに、余分な水分が飛んで全体に均一化されるため、冷めても美味しく、時間が経っても味が落ちにくいご飯になります。鍋で炊いたご飯も、炊飯器で炊いたご飯も必ず返しをおこないましょう。

ポイントは、ご飯粒を潰さないように注意しながら、しゃもじで下のご飯を上に持っていくようにかき回しながら、全体をほぐすようにして空気を入れていくことです。

●炊きたてご飯を美味しくよそう

子どもの頃、炊きたてのご飯をお母さんによそってもらってそのまま食べたときの美味しさを覚えていらっしゃる方も多いでしょう。でも、ご飯をお椀にきれいによそうのは、意外と難しいものです。よそうとは「装う」からきた言葉で、ご飯と味噌汁のみに使う言葉です。ご飯の炊き方の最後に、盛り方のコツをご紹介しましょう。

それは、しゃもじを「ひっくり返さない」ことです。

しゃもじですくったご飯を、そのまましゃもじから滑らせるようにご飯茶碗に盛りつけます。しゃもじをひっくり返すようにしてご飯茶碗に入れてしまうと、しゃもじと接していたところが上になり平たくなって、空気を含んで立っていた米が下になってしまいます。しゃもじをひっくり返さずに、滑らせるようにしてご飯茶椀によそえば、ふわっとした面がそのまま上になるので、炊きたてのご飯の輝きをそのまま茶椀に移すことができます。

せっかく美味しく炊いたご飯、よそい方にもぜひこだわってみてください。

10. 炊いたご飯を保存する

●お櫃《ひつ》がご飯をさらに美味しくする

炊きたてのご飯はとても美味しいのですが、炊いたご飯をすぐに食べきれるとは限りません。その美味しいご飯をどうやって保存したらいいのでしょうか。案外、見落としがちのことですが、保存方法によって大きく味が変わります。

炊飯器ならたいてい保温機能が備わっているので、しばらくはそのまま保存しておけばいいでしょう。しかし、釜や鍋で炊いたときには、そうはいきません。

一番いい方法は、昔ながらの「お櫃」を使うことです。

お櫃は、主にヒノキ科のサワラ（椹）という木が使われます。水に強く、耐久性があって、抗菌作用もあるという特性を持ち、保温性も高いので、お櫃に向いているのです。加工しやすいことから多くの道具にも使われます。たとえば、お寿司屋さんがご飯と寿司酢を混ぜるのに使う飯台《はんだい》にもこのサワラが使われています。

どうしてお櫃がご飯を保存するのに適しているのでしょうか。

まず、お櫃には高い水分調整機能があります。炊きたてのご飯をお櫃に入れると、ご飯についている余分な水分を吸収し、反対に、ご飯が冷めて少しずつ乾燥してくると、今度はお櫃が吸い込んだ水分を少しずつ放出しはじめて、ご飯の水分を保ちます。つまり、お櫃自体がご飯の水分を吸ったり出したりすることで、美味しさと炊きたてのご飯に近いツヤを保ってくれるのです。そして、冷めても美味しいご飯にしてくれます。

また、保温力も高く、夕食時に炊いたご飯であれば、残業で遅くなったお父さんが帰る3時間後くらいまでは、ほんのりと温かい状態を保ってくれます。抗菌作用もあり、夏でなければ、1日程度は常温保存できます。

もし、ご自宅にお櫃があるのなら、ご飯が炊きあがって、蒸らしと天地返しをおこなったら、時間を置かずにすぐにお櫃に移してください。お櫃からよそったご飯は、また格別な美味しさです。

サワラのお櫃は、使い終わった後、軽く洗って風

ご飯をより美味しくしてくれるお櫃

通しのいいところで陰干しするだけで、手入れに手間はかかりません。いまでは決して安いものではありませんが、丁寧に扱えば数十年使い続けることもできます。1年も使わないでいると乾燥が進んで、いわゆる「箍《たが》が緩む」状態になりますが、使い続けていればそういう問題も起こりません。

最近は、お櫃が見直されてきて、家庭での利用に向いた2〜3合クラスのお櫃製品も数多く売られるようになりました。

サワラ以外にも、セラミックのお櫃もあります。セラミックには非常に細かい「孔《あな》」が数多く空いていて、サワラと同じような水分調整能力があり、電子レンジで温め直すこともできて便利です。

お櫃はご飯の美味しさを失わせず保存するために欠かせない一品です。

●お櫃がなければ「ふきん」をはさんで保存

炊きたてのご飯を短い時間、保存するのであれば、お櫃は理想的といえます。しかし、いますぐには買えない場合もあります。その場合は、蓋と鍋の間にさらし（ふきん）をはさんでおくようにしましょう。

こうすることで、ふきんが鍋の中で発生する水分を吸い取ってくれるので、ご飯の味が損なわれるのをある程度、防ぐことができます。

11．炊いたご飯を冷凍保存する

●冷蔵はご飯が老化しやすい

忙しい現代社会、毎回ご飯は炊いていられない。どうせ炊くなら、一度に数食分（数日分）のご飯をまとめて炊いて、小分けにして保存しておく人も多いと思います。

そんなとき、ご飯を美味しく保存するにはどうすればいいのでしょうか。

みなさんの中には、お茶碗に入れたご飯にラップをかけて冷蔵庫に入れておいたら、「パサパサの硬いご飯になってしまった」という経験をしたことがある方もいると思います。

これは前述した「デンプンの老化」によるものです。ご飯を炊くとβデンプンからαデンプンに変化するアルファ化が起こり、柔らかくなります。しかし、冷めると、アルファ化されて柔らかくなった米のデンプンの一部が、元のβデンプンに戻ってしまいます。β

デンプンが多くなるとご飯は消化されにくくなるだけでなく、パサパサした食感となってしまうのです。

しかも、このご飯の老化現象は、10℃〜0℃の間で「急速に進む」といわれています。つまり、冷蔵庫はご飯が老化しやすい環境なのです。

冷蔵室での「冷蔵」保存は、腐敗を抑える効果はあるものの、美味しさの維持という点では好ましくないのです。そのようになってしまったご飯は、チャーハンやリゾットなどの料理に使うといいでしょう。冷蔵ご飯は水分が飛んでベタつきが少なくなるため、炒めるとパラパラになりやすく、卵もからめやすいからです。

老化してβデンプンになっていても、加熱することで、アルファ化されて食べやすくなります。

●ご飯を冷凍保存するときのポイント

ご飯の美味しさをできるだけ失わせずに保存するには、「冷凍」することをお勧めします。ご飯のデンプンは冷凍すると、老化が進行しなくなるからです。

さて、ご飯を冷凍保存するといっても、タッパウェアに入れて冷凍する人も、1食分ずつラップに包んで冷凍する人もいます。ラップに包む場合でも、おにぎりを握るような形にしたり、ぎゅっと強く包んだりと、人それぞれで冷凍保存の方法は違うでしょう。

どんな方法が冷凍保存には適しているのでしょうか。

それは、「ラップにふっくら包んで冷凍保存する」ことです。

ご飯が炊きあがって蒸らしと天地返しをおこなったら、その日食べないぶんはできるだけ早く冷凍したほうがいいでしょう。1食分ずつラップにとって粗熱をとって水蒸気を逃がしてから、「ふっくら」とやさしく包みます。「ぎゅうぎゅうに包まない」ことがポイント。イメージとしては、1食分を厚さ2〜3㎝くらいで薄く伸ばす感じです。

冷凍室に入れるときには金属トレーなどの上にのせて急速冷凍したほうが、美味しさが損なわれにくくなります。

食べるときは、電子レンジで「解凍」ではなく普通に温めてください。最近は、1食分ずつ小分けにして冷凍でき、そのままレンジで温められる容器も販売されています。

column

アルファ米と乾飯《ほしいい》

ご飯の老化は、水分がなくなると止まります。この特性を利用して、炊きあがったご飯を高温で急速に乾燥させ、αデンプンのまま固定させたのが「アルファ米（アルファ化米）」です。

アルファ米は常温で保存でき、水やお湯を注ぐだけで食べられるようになるので、登山者の携行食や災害時の備蓄食などに広く使われています。

古来日本では、蒸した米を天日乾燥したものを糒《ほしいい》（乾飯）と言い、約20年備蓄できる保存食として奈良・平安時代から記録が残っています。戦国時代には、合戦時の携行食としても重宝されました。

日本人は、「どこでも美味しいご飯を食べたい」という思いを、千年以上も前から持ち続けているのですね。

12. お弁当に詰めるときは

●炊きたてのご飯は「粗熱」をしっかりとる

朝炊いたご飯を、お弁当箱に詰めて仕事場や学校などに持っていく場合、アツアツのご飯の美味しさを、お弁当やおにぎりにしても失われないようにしたいものです。ここでは、炊きたてのご飯をお弁当やおにぎりにするときのポイントをご紹介します。

まず、お弁当箱に詰めるときには、炊きたてのご飯を入れたら、なるべく早く粗熱をとるように冷まします。すぐにお弁当箱の蓋をしてしまうと、時間が経ってお弁当箱の中の温度が下がってきたときに、ご飯の水蒸気が蓋の内側で水滴となります。

この水滴が落ちて余分な水分となります。「ベチャッ」としてしまい、せっかくの炊きたてご飯の美味しさが損なわれてしまいます。さらに、微生物が繁殖しやすい温度帯に長い時間さらされ、衛生的にも良くありません。

炊きたてご飯をお弁当箱に入れたときは、粗熱を十分にとることを心がけてください。うちわなどを使ってもいいでしょう。

●前日にお弁当箱に入れて冷蔵しておくのはダメ

前の晩に炊いたご飯をお弁当箱に詰めて、そのまま冷蔵庫で保存して、翌日に持っていくのはあまりお勧めしません。

前述したように、ご飯は10℃～0℃になると「老化」が急速に進み美味しくないからです。それなら、朝起きる時間に合わせて、炊飯器のタイマー予約で炊いたほうがいいですし、夜のうちに研ぎ上げしておいた米を、朝起きてから鍋で炊けば、20～25分程度で炊きあがります。

13. 冷めたご飯の美味しい食べ方

●江戸の知恵に学ぶ汁かけ飯

お櫃に入れたご飯は、冷めても美味しく食べられる理由がありました。電子レンジで温めるのは簡単ですが、せっかく冷めても美味しいのですから、レンジを使わない食べ方を考えれば、料理のレパートリーも広がります。そこで、レンジのような便利なもののなかった「江戸時代の人の知恵」を拝借してみましょう。

まず思い浮かぶのは「お茶漬け」です。冷や飯に熱いお湯をかけて食べる「湯漬け」は、平安時代にはすでに文献に登場していますが、江戸時代になると「お茶漬け」や、味噌汁やだしをかけた「汁かけ飯」も庶民の間で広く食べられています。そういう文化の中で生まれた典型的な江戸料理が「深川めし」です。

いまの深川めしは、アサリの時雨煮《しぐれに》の「炊き込み飯」というイメージが強いようですが、もともとは冷や飯にアサリの佃煮をのせて熱いお茶や味噌汁をかける「汁かけ飯」でした。『名飯部類《めいはんぶるい》』という江戸時代のご飯だけのレシピ本がありました。その中で、この深川めしをはじめ、汁かけ飯や炊き込み飯などさまざまな料理が紹介されています。

●炊き込みご飯にしてお茶やだしをかける

炊き込み飯ならすでに味がついていて、デンプンの老化も起こりにくく、冷めても美味しくいただけます。さらに、湯漬けや茶漬けで美味しく食べられます。冷めたご飯の美味しい食べ方として、ちょっと目線を変えて、炊き込み飯を作るという方法もあります。

そこで、『名飯部類』にある、ちょっと風変わりな炊き込み飯として「胡椒飯《こしょうめし》」をご紹介しましょう。

江戸時代に胡椒があったの？　と思うかもしれません。江戸時代後期の19世紀に入ると胡椒の輸入が増えて、庶民でも使うようになっていました。

胡椒飯の作り方は簡単で、米につぶした胡椒と調味料を入れて炊き込むだけです（米2カップ、水450cc、醤油大さじ1、酒大さじ1、黒胡椒5粒）。香り豊かな胡椒飯は、そのまま食べても美味しいのですが、一般には味噌汁やだしをかけた「汁かけ飯」で食べていました。

このように江戸時代の人々は、炊き込み飯にしたり、汁かけ飯にしたりして、冷めたご飯を美味しく食べる工夫を重ねていたのです。

column

江戸時代、江戸と上方では「冷や飯の扱い」が違った

「1日3食」の習慣が庶民に定着したのは江戸時代中期の元禄年間（1688〜1704）頃といわれています。

江戸ではご飯を朝にまとめて炊いていました。保温ができる炊飯器も電子レンジもない時代です。当然、夕方にはご飯は冷たくなっています。

そこで、冷えたご飯に熱い味噌汁やだしをかけた「汁かけ飯」を食べていました。その中から、深川めしに代表される「汁かけ飯」文化が発展したのです。

一方、上方（京都や大坂）では、ご飯を昼や夕方にまとめて炊き、翌朝、水を加えて、温かいお粥《かゆ》にして食べていました。そこから、上方では朝粥を食べる習慣が定着していったといわれています。

ちなみに、お粥といえば、風邪を引いたときや体が弱ったときに食べる「養生粥《ようじょうがゆ》」があります。作り方は、研いだ米に5〜7倍程度の水を加えて、米が柔らかく形が崩れるま

で炊きます。

一方、1月7日の「七草粥」や1月15日に食べる「十五日粥（小豆《あずき》粥）」のような「行事粥」は、炊いたご飯に水を加えて作ります。行事を祝う粥で、文化が京都で生まれたことも影響していると思いますが、「養生粥」と「行事粥」では作り方が異なるのです。

14. 買ってきた米はどう保存するか

●米の賞味期限はどれくらい？

ここでは、みなさんがスーパーや米屋から買ってきた米の保存方法について紹介します。米は、精米された瞬間から徐々に美味しさが失われていきます。なるべく早く食べきるに越したことはありません。では、どれくらいで食べきればいいのでしょうか。そのことを判断する指標の一つとして、いまから10年ほど前に実施されたある評価試験を紹介しておきます*。

その評価試験は、精米からの経過日時で、ご飯の外観、硬さ、香り、粘りなどがどう変化したのかを測定しました。その結果、精米の賞味期限は、「温度25℃で2カ月、20℃で3カ月、15℃で5カ月、5℃で7カ月が適当」とされました。

この結果からは、ざっくりですが「夏場で2カ月くらい、冬なら半年くらい」は持つようです。夏場の室温に近い25℃で2カ月、それ以外の季節（20℃以下）なら3カ月以上、冷蔵庫（約5℃）なら7カ月程度と聞いて、意外に「長持ちする」と思った人も多いでしょう。

しかも、この期間を過ぎてしまったからといって、美味しさは損なわれていくものの、食べられなくなるわけではありません。逆に、保存状態が良くない場合には、もっと短い期間でも美味しさが失われてしまうことがあります。

ですので、やはり一般の家庭では買ってから1カ月程度で食べきれる量を目安に買い求めるのをお勧めします。

*出典：「精米の賞味期限の設定（第2報）―貯蔵中の食味の変化―」横江未央・川村周三　農業機械学会誌 70(6): 69 ～ 75, 2008

●何に入れて保管すればいいか

買ってきた米は、どのようにして、どこで保管すれば、美味しい状態を長く保てるのでしょうか。

多くの場合、米はナイロンポリ袋に入って売られていますが、この袋には、米が蒸れないように、または輸送用の空気抜きに小さな穴が開いていたりします。袋のまま保存する場合は、匂いや湿気のある場所を避ける必要がありますし、そのまま置いておくと米の乾燥や酸化が進みます。できるだけ早く市販の米櫃《こめびつ》などに移し替えましょう。

米櫃は、5kg以下のコンパクトなものから20～30kgの大型まで各種あります。基本的に1～2カ月で食べきれるサイズの米櫃を選びましょう。

素材も、プラスチック、ホーロー、ガラス、木などの製品がありますが、しっかり蓋を閉めて密封できるものなら素材にこだわる必要はありません。なお、木製の米櫃には、水分調節や防虫の機能を持つものもあります。

米櫃を利用する際に注意したいのは、内部にたまった酸化したぬかなどを取り除かずに新しい米を入れると、ぬか臭さが新しい米につき、美味しさを損ねてしまうことです。新しい米を入れる前には必ず、米櫃の中をきれいにするようにしましょう。

●どこで保管すればいいか

賞味期限のところで書いたように、米は温度が低いほど美味しさが長持ちしますので、ベストな保管場所はズバリ冷蔵庫です。ただし、においと湿気は禁物なので、強いにおいが出る食品や飲み物の近くは避け、野菜室などに入れたほうがいいでしょう。最近は、冷蔵庫での保管を前提とした米櫃もいろいろ選ぶことができます。

10kg単位で米を買うので冷蔵庫に入れられない、ということなら、米専用の冷蔵庫（保冷米櫃）を買う手もありますが、米を3kgや5kg単位で買うか、複数の入れ物に小分けにして冷蔵庫の隙間に納められるようにするほうが現実的かもしれません。

●シンクの下は「もっとも適さない場所」

冷蔵庫に保管できるスペースがない場合は、直射日光が当たらない、できるだけ湿気の低いところで保管します。よく、冷暗所で取り出しやすいことからシンクの下に保管している人がいますが、風通しが悪く湿気もあり、もっとも置いてはいけない場所です。通気性があって取り出しもしやすい場所がいいでしょう。

常温保存しているときに注意が必要なのは、コクゾウムシやノシメマダラメイガなど、米に湧く虫で、気温が20℃を超えると活動が活発になります。米の水分含量が低いことから、昔と比べると虫の発生率は下がりましたが、気になる方は、市販の米用虫除け剤や乾燥した唐辛子を入れておくといいでしょう。

15. まとめ――近茶流〝世界一美味しい〟ご飯の炊き方

●美味しいご飯を炊く手順をおさらい

第1章のまとめとして、釜や鍋で炊く、美味しいご飯の炊き方をおさらいしましょう。

近茶流では毎回、羽釜を使って生徒さん自身がご飯を炊きます。ここまで紹介してきた米の研ぎからご飯の保存まで、復習の意味も込めて、以下にあらためてご紹介します。

1. 米を「すりきり」で計る

計量カップを使い、米をすりきりできっちり計り、ボウルにあける。このとき、米を丁寧に入れないと割れてしまうので注意。やさしくボウルにあける。

2. 最初の水はとくにやさしく注ぎ、すぐにかき混ぜて捨てる

米を入れたボウルに水道水を注ぐ。このとき、蛇口から注がれる水を手のひらで受け止めて衝撃をやわらげるようにする。素早く手で2～3回かき混ぜ、ザルを置いてすぐに水を捨てる。

3. 掌《たなごころ》を使って30～40回ほど研ぐ

水気を軽くきった米はボウルに戻し、ボウルの壁面を使い、掌《たなごころ》でやさしく米どうしをすり合わせながら、「シャッシャッシャッ」と30～40回ほど研ぐ。

4. 2回ほど研いだら、透明になるまで水を入れ換える

研ぐ作業を2回ほど繰り返した後、水がおおむね透明になるまで2〜3回、水を入れ換える。

5. 米を羽釜に入れ、米の容量の1・2倍の水を入れる

研ぎ終わった米を一度水気をきってから羽釜に入れ、米の容量の1・2倍の水を入れてつける。時間の目安は夏場で30分、冬場で1時間。透明だった米が完全に白くなったことを確認して、吸水は完了。

6. 蓋をして、コンロにセットし、強火にかける

7. 沸騰したら中火にする

4〜5分して釜の中の水が沸騰してボコボコしだしたら中火にする。ボコボコと沸騰した状態を維持する。

8. 水が少なくなり、ブツブツと聞こえだしたら弱火にする

蓋を少し開けて、米の表面が見えるようになり、米の間や鍋の縁からブツブツという音が聞こえだしたら弱火にする。

9. 最後に10秒強火にして火を消す

釜の中の水気がなくなったら、一度強火にし、パチパチという乾いた音がしたら、そのまま10秒間強火を続けて、火を消す（パチパチと音がしなかったら弱火に戻す）。

10. 蓋を絶対に開けずに10分間蒸らす

11. 天地返しをする

10分経ったら、蓋を開けて上下のご飯を返しながらほぐすように空気を入れる。

12. ご飯をお櫃に移す

13. ご飯をお櫃からお椀によそう

第2章

世界一美味しい味噌汁をわが家で作る

Ⅰ 世界一美味しい味噌汁を作るポイント

1．和食にとって一汁の大切さとは

●和食は「ご飯と味噌汁」でワンセット

炊きたてのご飯の美味しさをさらに引き立てるのは、なんといっても「味噌汁と漬物」でしょう。

日本料理の献立で一番シンプルな「一汁一菜」です。そして、栄養面から見てもとてもバランスのとれた、一つの「完成された食」なのです。

ご飯からはエネルギーとなる炭水化物が、味噌汁からは体を作るタンパク質が、漬物からはさまざまなビタミンやミネラルが得られ、これだけで私たちが生きていくのに必要な9種類の必須アミノ酸をほぼすべてとれると言われています。

一汁一菜はもともと、鎌倉時代に生まれた禅宗のお坊さんの食事です。味噌汁や豆腐が作られるようになったのもこの頃。大豆は、当時の日本人にとって貴重なタンパク源でした。もう一つ重要な要素は、生きていくのに必要な塩分。洋食のパンには練るときに約2％の塩分を加えますが、ご飯には塩分がありません。だから、いつも「ご飯と味噌汁」は一緒に食べるのです。

味噌汁にさまざまな具が入れば、「ご飯」と「一汁」だけでも最低限の栄養がとれる。だからこそ「一汁」が大切なのです。

●味噌汁は吸い物より、じつは格上だった？

和食で「汁」というと、「味噌汁」よりも「吸い物」を思い浮かべる方もいると思います。いまでは、吸い物は高級な汁物、味噌汁は庶民的な汁物というイメージがあります。

しかし、本来、味噌汁は格の高いもの。味噌汁は「おみおつけ」とも言いますが、これを漢字にすると「御御御付」と表記します。ご飯に付随する汁という意味であり、敬語の接頭語が3つ連なります。一方、吸い物は「おみおつけ」ではなく、二汁目に出てくるものだったのです。

この差の名残がお椀の色にも残っています。お椀の内側を見てください。味噌汁のお椀は、内側が朱や赤で塗られていることがよくあります。かつては赤いお椀のほうが格が高く、位の高い僧や武士は赤い器の本膳で食事をしていました。赤い塗りものは、一度黒い漆《うるし》を塗ってから、赤い漆を塗り重ねていたことから、手間もかかり、格が高くなったのでしょう。

2. だしを知る

●美味しいだしは料理を簡単にしてくれる

いつも料理教室でお話しししていることがあります。

「料理を簡単にするには、いいだしを引いてください」と。

だしは味の土台です。建物と同じように、土台がしっかりしていれば、上に建てる建物もしっかりするように、美味しいだしがあれば、食材や調味料を加えても、安定しやすくなります。

だしは煮物、和《あ》え物、汁物と幅広く使います。とくに汁物では、とても重要になります。美味しいだしが美味しい味噌汁を作るのです。

だしをとる方法はいくつかありますが、それほどむずかしくありません。和食のだしは、世界で一番早く、簡単に取れるだしなのです。

海外のだしは、フレンチのフォン・ド・ボーでも中華のタン（湯）でも、一晩かけて骨《こつ》髄《ずい》などからじっくり煮出してうま味を引き出しています。

これに対して和食のだしは、昆布と鰹節《かつおぶし》を使って、15〜20分で引けます。だしのとり方によっては1時間以上かける方法もありますが、それでも西洋や中華より圧倒的に早いのです。

和食のだしがこれほど早くとれる理由は、材料がすべて乾物だからです。鰹節、煮干し、昆布、椎茸、帆立など、だしの材料はいずれも干すことでうま味を凝縮しています。たとえば、鰹節は完成するまで5、6カ月かかります。材料に長い時間と手間がかかっているため、私たちは簡単に美味しいだしを引くことができるのです。

引きたてのだしは香りがまったく違います。これを自宅で試さない手はありません。

●なぜ関西では昆布だしが浸透したのか

だしの代表と言えば「昆布」と「鰹」です。日本ではどちらも古くから食されていました。昆布は、奈良時代に書かれた『続日本紀』（797年）に「須賀古麻比留《すがのこまひる》らが先祖代々にわたり、蝦夷（現在の東北地方）から朝廷へ蝦布《えびすめ》を献上」との記述があります。当時は蝦夷の海布（海藻）として、蝦布と呼ばれていたようです。また、平安時代になると「延喜式」（927年。養老律令という法律の施行細則をまとめたもの）には昆布として明記されます。量も少なかったので、貴重品として扱われ、貴族や僧など一部の人たちの特別な食材として扱われていたようです。

江戸時代に入ると、蝦夷地（北海道）の松前から日本海、関門海峡、瀬戸内海を経て大坂へ至る北前船交易が盛んになり、大坂は昆布の一大集積地となって多くの昆布問屋が軒を連ねました。

昆布の一部は、北前船の寄港地だった若狭（福井県）で陸揚げされ、鯖《さば》街道を通って京都にも運ばれました。また、こちらも北前船の寄港地だった越中（富山県）は、いまでも全国有数の昆布の消費量を誇るなど、北陸から関西にかけての食文化に、昆布は深く浸透していきました。

一方、江戸をはじめとする関東では、昆布があまり広まりませんでした。北海道から太平洋岸を南下して江戸に至る「東廻り航路」が、日本海側を通る「西廻り航路（北前船の航路）」と比べて危険なため、直接、北方から入る昆布は少なく、多くの昆布は、大坂を経由して、江戸へと持ち込まれました。長い距離を運ばれるため、昆布は江戸では高価なものとして、料理にはあまり使われることがありませんでした。

これは現代でも言えることで、大阪など関西系の昆布問屋経由で東京に入ってくる昆布も多くあります。

●関東で鰹だしの食文化が広まった理由

昆布の代わりに、関東では鰹だしの食文化が花開きました。鰹の歴史も古く、こちらも奈良時代に「堅魚煎汁《かつおいろり》」として、鰹節の煮汁が税として納められた記録があります。

鰹節といっても今日のように硬く干して黴《かび》付けしたものではなく、単に茹でて乾かした生利節《なまりぶし》のようなもので、食べ物としても食べるし、だしとしても使われました。風味と保存性を高めるために黴付けするようになったのは江戸時代も後期のことです。

関東で鰹だしが広まった背景には、醤油の発展も影響しています。

醤油はもともと関西の「たまり醤油」が起源で、江戸時代初期には上方から江戸へ送られていましたが、当時京都で作られていた醤油は醸造期間が短く、菌による発酵技術も未熟でした。

やがて、江戸近郊の銚子や野田（いずれもいまの千葉県）で発酵技術が発達して、1年以上寝かせる、いまで言う「濃口醤油」が生まれました。

醤油には多くのアミノ酸が含まれており、とくにグルタミン酸が多く含まれていることから、鰹節とはとても相性がよく、昆布と同じように味の相乗効果が得られたのだと考えられます。江戸では鰹だしが一般的になりました。

いまでも江戸前の天ぷら屋や天そば屋では、「甘味が出る」と昆布を使わず、鰹節だけでだしをとっているお店が少なくありません。

3．だしのうま味の秘密

●だしのうま味は世界共通

だし（出汁）とは文字どおり「煮出した汁」のことで、食材に「うま味」を加えます。うま味は、甘味・塩味・酸味・苦味とともに舌で感じる基本的な味、「五味」の一つとされています。

とくに代表的なうま味成分の「グルタミン酸」は1907年に東京帝国大学の池田菊苗《きくなえ》博士によって発見されました。その後、研究が進み、世界的にも認められて、うま味は「UMAMI」としてそのまま英語にもなっています。

池田先生は、日本人が経験的に知っていた昆布からうま味を発見し、その後、弟子である児玉新太郎氏によって鰹節に含まれる「イノシン酸」や、ヤマサ醤油の国中明氏によって干し椎茸に含まれる「グアニル酸」などのうま味成分が発見されました。

うま味は人間の本能が求める味であり、世界中の人々が共通で持っている味覚です。とくにグルタミン酸は母乳にも多く含まれ、本能的に美味しいと感じられるので、赤ちゃんも好んでおっぱいをごくごく飲むのです。

しかし、だしには「舌」で感じる「味（味覚）」だけではなく、「鼻」で感じる「香り（嗅覚）」も大切です。舌は単純に5種類の味を感じ分けるだけですが、鼻は約400種類ものにおいのセンサーがあり、多様なにおいを嗅ぎ分けることができると言われ、その組み合わせは無限にあります。

人はそのにおいを経験によって理解します。変な話ですが、赤ちゃんは「薔薇《ばら》のにおい」と「うんちのにおい」を嗅ぎ分けられますが、どちらが「いいにおい」なのかをわからないそうです。3歳くらいになると次第に快い香りと不快なにおいを学習するようになる、という研究結果があります。

●においの好みは後天的。ただし変えられる

においは基本的に後天的に学習されるものなので、人によって好き嫌いが分かれます。日本人には身近な昆布や鰹のだしの香りですが、外国の方でそれらの香りを苦手に感じるのは、子どもの頃から魚介類に接する機会が少ないからです。

こんなことがありました。近茶流料理教室に中東のある国の王女様とお嬢様、そのお子

様の3世代で和食の勉強に来られたときのことです。

お嬢様は魚臭さが苦手なようで、お作りした昆布と鰹の合わせだしにもほとんど口をつけられませんでした。

ところが、その方の3歳と5歳くらいのお子さんたちは「こんな美味しいもの、飲んだことない」とだしをごくごく飲みました。「魚臭いにおいは嫌い」と後天的に学習していない子どもたちは、グルタミン酸やイノシン酸のうま味だけを純粋に美味しいと感じたのでしょう。

これには私も大変驚き、経験や環境がその人の味覚を作るのだなとあらためて感じることができました。

昨今の世界的な和食ブームで、ひと昔前は生魚を避けていた外国人も、いまでは寿司や刺身を食べるようになりました。これも口にする機会が少しずつ増えたり、子どものときに経験することによって、次第に慣れていったのだと思います。

同じことは日本人にも言えることで、小さいときから、またお腹の中から和食の味を楽しんでいることが、和食文化の継承にもつながると思います。やはり、子どもの頃から本物の和食のだしの美味しさを学んでいっていただきたいものです。

4. 昆布を知る

●主なだし昆布の種類と特徴、地域性

昆布は約90%が北海道産で、7～9月頃が主な収穫期です。収穫後、約3日間干すことで美味しさが増します。しかし、干している間に少しでも雨水がかかると品質が大きく落ちてしまうので、昔から天日干しの場合、漁師は3日間必ず晴れるという日を見定めてから採ります。

主にだし用途で使われる昆布は「利尻昆布」「真昆布」「羅臼昆布」「日高昆布」の4種類で、それぞれ味や香りが違います。

「利尻昆布」は、北海道でも北端の利尻・礼文島や稚内周辺で採れ、淡い香りと甘味が特徴です。京都の料理人がよく使うだし昆布で、味が淡いぶん、量を多く使います。

「真昆布」は、道南の噴火湾や函館周辺で採れる肉厚で幅広い、上品な甘味が特徴の高級昆布です。大阪の料理人がよく使うだし昆布ですが、松前漬けや塩昆布など、食べる昆布としても使われます。

「羅臼昆布」は、知床半島の羅臼町周辺で採れる幅広の昆布で、独特の強い香りと味がある濃厚なだしがとれます。少し個性が強いので一般の料理人が使うことは少ないですが、鰹だしを使わない精進料理の料理人がよく使います。

「日高昆布」は、苫小牧から襟裳岬を経て釧路あたりまで、太平洋岸の広い範囲で採れます。香りも味も強く、硬度が高めの水でもよくだしが出るため、関東の料理人がよく使います。江戸が発祥の近茶流でも、日高昆布を使用しています。

昆布の選び方は、さわってみて、肉厚で黒々しているものがよく、保存は缶などに入れて、湿気の少ない場所に置いておくのがいいでしょう。

●地域で異なる昆布の好み

利尻昆布、真昆布、羅臼昆布は、北前船の時代に効率的に運ぶために平たく整形され、一定の長さに切り揃えられて出荷されていました。そのスタイルが今日も貫かれています。

この3種類には養殖物も天然物もあるのに対し、日高昆布はすべて天然物です。大量に採れたため、干した状態そのままで長さだけ切り、出荷されてきました。いまでもねじれた形状は日高昆布の特徴になっています。

前述のように、京都は利尻昆布、大阪は真昆布、関東は日高昆布と、それぞれ異なる昆布が多く使われています。また、北前船の寄港地だった関係で昆布の消費量が日本有数である富山県では、いまでも羅臼昆布が人気です。

私は仕事柄、全国各地で料理イベントに参加することがありますが、あるとき、京都の料理人が各地の昆布を使って吸い物を作り、味比べをしたことがあります。

このときは参加者の味の好みが大きく分かれ、出身地などにより昔から慣れ親しんだ昆布でとっただしの味が美味しいと感じる方が多かったのが印象的でした。やはり京都の方々の一番人気は利尻昆布からとったものでした。富山で同じことをすると羅臼昆布のだしが一番人気になります。

昆布でだしをとるなら、どの昆布が美味しくて使いやすいかだけではなく、自分や家族、あるいはおもてなしをする相手の方が、どういう昆布で育ってきたのかを考えて選ぶのも一つの手かもしれません。

5. 鰹節を知る

●鰹節の種類と特徴

うま味成分のイノシン酸を多く含む鰹節は、魚介系のだしの代表です。

鰹節の作り方を簡単に紹介すると、3枚に下ろした鰹を茹で（煮熟《しゃじゅく》）、その後に燻製にして（焙乾《ばいかん》）水分を飛ばします。これが「荒節」と呼ばれるもので、20日〜1カ月でできあがります。

これに黴（麹菌）を付けて干すことで「黴付け」をおこなったものが「枯節《かれぶし》」で、黴付けの工程を3回から4回以上繰り返したものは「本枯節」と呼ばれます。

黴付けをおこなうことで、黴が鰹内部へ菌糸を伸ばして水分を除去するとともに、脂肪を分解して香りとうま味が高まります。

数カ月かけて完成した枯節や本枯節は水分がしっかり抜けて、叩くとカンカンと硬い音がします。高い金属音がするのが良いもので、鈍いものは中に空洞がある場合があります。

本枯節で引いただしは、香り高く美味しさも格別です。しかし、枯節はとても硬いため、機械削りに手間がかかるのと、香りも飛びやすいことから、スーパーマーケットなどで削ったものを売っていることは少ないのですが、枯節や本枯節の削り節を求めたい場合は、原材料名欄に「かつおのかれぶし」との記載のあるものを買ってください。

一般的に「花かつお」として販売しているものは、黴付けしない荒節を削ったものです。普通の料理では「花かつお」で十分美味しいだしを引くことができます。原材料名欄には「かつおのふし」と書かれています。

また、鰹節には「血合い」を抜いたものがあります。血合い抜きは上品な味わいで料理屋ではよく使われるのに対し、だしが濃厚でコクが出るので、近茶流では血合入りを使っています。普通の花かつお（通常、血合い入り）は幅広い用途に使え、吸い物も美味しくできるので、普段使いにはお勧めです。お客様へのおもてなしで、よりマイルドで香り高い吸い物を作りたいときなどは、枯節や本枯節を選べばいいでしょう。

削り節は空気に触れるとすぐに酸化が進むため、スーパーなどで売られているものには窒素充填されています。袋を開封すると風味がどんどん飛びますので、１週間程度で使いきるのが理想的です。また、一度開封したら、冷蔵庫で保存してください。

●「厚削り」と「糸かつお」

花かつおなど「薄削り」の鰹節は主にだし用ですが、冷や奴やお好み焼きのトッピングなど、食用に使う場合は、そのままだと食べにくいので、一度鍋で空煎りしてから使いましょう。

1〜2㎜に厚く削られた「厚削り」の鰹節もあります。これは、主に蕎麦やうどんのだしを引くときに使うもので、薄削りは1分程度でだしがとれるのに対し、数分〜数十分煮出して濃いだしをとります。厚削りの鰹節で味噌汁を作ることもできますが、魚の味が強く出るので煮物などには向きません。やはり家庭では、味噌汁以外にもお吸い物や煮物、鍋物など幅広く使える薄削り（花かつお）が便利でしょう。

この他、糸状になった「糸かつお」もあります。これは薄削りや厚削りのように鰹節を寝かせて削るのではなく、削り器に対して直角に立てて削ったものです。不思議なことに、削る方向が違うだけで同じ鰹節でも糸かつおにするとだしが出にくくなるので、小袋に入った糸かつおをだしに使うのはやめたほうがいいでしょう。その代わり食べやすく、噛むとうま味が出ますので、おひたしなどの天盛りに向いています。

column

家庭から削り節器が消えていった理由

30〜40年ほど前まで、鰹節は自宅で削るものでした。昔はどこの家にも「鰹節削り器」という道具があり、雄《お》節・雌《め》節という一対の鰹節が、結婚式の引き出物の定番でした。

削りたての鰹節は香りも食感も市販の削り節とは別物ですので、本来はみなさんにもそうしていただきたいのですが、残念ながら、最近、鰹節削り器を持っている家が少なくなってしまいました。

鰹節削り器を使わなくなった一つの理由に、削り器のかんなを研ぐ職人の数の減少もあります。削り器のかんな研ぎは、包丁研ぎとは少し違う技術です。昔は横丁の大工さんが雨の日の内職で研いでくれたりしましたが、いまはそういう人がいません。鰹節削り器はいまでも通販などで入手可能です。また、現代風のプラスチック製のおしゃれな削り器もあります。ぜひ、チャンスがあれば、ご自身で削ってみるのもいいと思います。

6. その他のだし素材

●雑節

鰹以外の魚も、鰹節と同じ製法で荒節や枯節に加工され、雑節と総称されます。主なものに、鮪《まぐろ》節、宗田鰹節、鯖節、鯵《あじ》節などがあります。

鮪節は一部の高級料理店で使っていて、だしの色が薄く、淡い香りのだしが引けます。宗田鰹節、鯖節、鯵節などは、とてもうま味の強いだしを引くことができますが、香りや味に独特のクセが出るために、使う料理を選ぶことになります。

日本は島国です。各地にさまざまなだしが伝わっており、それぞれの特徴を生かした郷土料理があります。

●煮干し

煮干しは鰹節と並ぶ魚系だしの代表です。カタクチイワシを一度煮てから干したもので、鰹と同様にイノシン酸を豊富に含み、関西では「いりこ」と呼ばれます。

コクのあるだしがとれるものの、鰹節と比べて魚のクセが出ます。味噌との相性はよく、魚臭さも打ち消されるので味噌汁には最適です。

良い煮干しは、腹側にまがって、ひらがなの「へ」の字のようになっています。使うときは、苦みが出るので、頭と内臓を除いてから、昆布とともに水から煮出してだしを引きます。また、煮干しの中でも、白口、青口があり、白口は全体に白っぽい煮干しで、あっさりとしただしが引け、青口はしっかりとしただしが引けます。白口のほうが量も少ないことから、値段も高めになっています。

だしには地域性があり、全国的にいろいろな煮干しだしで雑煮を作っています。仙台ではハゼの焼き干し、九州北部や山陰地方ではトビウオの煮干しや焼干し（アゴだし）が、九州南部ではウルメイワシやクマエビの煮干しが広く使われています。

●干し椎茸

「三大うま味成分」というのがあります。昆布に含まれる「グルタミン酸」、鰹や煮干しに含まれる「イノシン酸」と、もう一つが干し椎茸に含まれる「グアニル酸」です。

グルタミン酸は昆布以外にも多くの野菜や乳製品、お茶などに、イノシン酸は魚介類や肉類に含まれていますが、グアニル酸を多く含む食品は、きのこ類や海苔などです。

グアニル酸は生の椎茸にはほとんど含まれず、干すことで生成されます。干し椎茸は、鰹節や煮干しなどを使わない精進だしに主に使われます。

昆布（グルタミン酸）と鰹節（イノシン酸）の相乗効果（後ほど詳述）があるように、昆布（グルタミン酸）と干し椎茸（グアニン酸）の相乗効果も認められています。

干し椎茸でだしをとるときは、使う前日、鍋に昆布と干し椎茸と水を入れて、一晩おきます。次の日、そのまま火にかけて沸かします。昆布は小さな泡がプツプツと立ってきたら取り出します。多くのアクが浮いてくるので、丁寧にとったものを使います。

7．うま味が増大する「合わせだし」

●「うま味の相乗効果」とは

「出合いもの」という言葉、お聞きになったことがあるでしょうか。複数の食品を組み合わせると美味しさが高まることは、昔から経験的に知られていました。その相性のいい食材同士を「出合いもの」と言います。その代表的なものが「昆布と鰹節の合わせだし」です。

昆布のだしと鰹節のだしを使った合わせだしが文献に登場するのは、江戸から明治に時代が切り替わった19世紀の終わり頃からです。ただ、昆布も鰹節も千年以上前からそれぞれ単品のだしとして知られていたのですから、それまで誰も気づかなかったとは思えません。文献が残っていないだけで、料理人の秘伝として受け継がれていたのかもしれません。

合わせだしが美味しいのは、うま味の感じ方が大幅に強まるからです。少し専門的になりますが、うま味成分は、グルタミン酸に代表される「アミノ酸系」と、イノシン酸やグアニル酸に代表される「核酸系」に大別されます。相性のいいうま味を組み合わせると、うま味は足し算ではなく、掛け算的に増大します。

たとえば、グルタミン酸とイノシン酸を合わせると、グルタミン酸だけの場合と比べて100分の1の濃度でも舌が味を感じられるようになり、うま味の強さは最大で8倍になるといわれています。1＋1が8になるのです。これを「うま味の相乗効果」と言います。

したがって、昆布（アミノ酸系）と鰹節（核酸系）、あるいは昆布（アミノ酸系）と干し椎茸（核酸系）の組み合わせではうま味の相乗効果が働きますが、鰹節と煮干し（核酸系）や、鰹節と干し椎茸（核酸系）の組み合わせではうま味の相乗効果は働きません。

グルタミン酸を豊富に含む野菜と、イノシン酸を豊富に含む肉類を一緒に煮込むことでもうま味の相乗効果を引き出せます。イタリアンでのボロネーゼソースなどのように、チーズやトマト（グルタミン酸）と挽き肉（イノシン酸）を合わせて美味しさを出している料理も世界中に多くあります。

●身近なメニューにも見られる、うま味の相乗効果

和食でうま味の相乗効果を感じるのは、昆布や鰹節で引くだしだけではありません。みなさんは日常の食事でもその恩恵にあずかっています。

たとえば野菜のおひたしに醤油と鰹節をかけますね。そうすると、野菜や醤油に含まれるグルタミン酸と鰹節のイノシン酸の相乗効果により、醤油だけをかけるよりもずっと美味しくなります。

ほかにも、旬のタケノコと鰹節を使った土佐煮など、料理人はだしだけではなく食材どうしの相乗効果や相性をいつも探しています。昔から、旬の海のものと山のものを合わせると良いとも言われています。

ただ、うま味の相乗効果はまだすべて解明されたわけではありません。たとえば、貝類

のうま味成分の一つに、「コハク酸」という物質があります。ハマグリの潮汁《うしおじる》は、昆布とハマグリを水から煮ていくと、ハマグリだけよりもずっと美味しさが増すことはよく知られています。ところが、グルタミン酸とコハク酸の相乗効果は科学的にまだ認められていません。

味覚の研究が始まったのはごく最近のことで、まだわからないことが多くあります。最近はうま味の研究に料理人が参加する機会が増えていて、研究者にはよくわからない微妙な味の感覚や、料理人が先輩の教えや経験で得てきたノウハウの科学的な解明が進んでいます。今後、ますます新たなうま味成分の発見や、うま味の相乗効果の実証が進むことになるでしょう。

8. 味噌を知る

●大きく3つの種類に分けられる

味噌汁の味を決めるのは「だし」と「味噌」です。ここで少し、味噌について紹介しておきましょう。

味噌は飛鳥時代に中国から伝わったとする説が有力で、藤原京遺跡から出土した木簡に記される「未醤」が後に味噌に転訛《てんか》したと言われています。昆布や鰹節と同じように日本料理の味を作ってきた代表的な調味料です。

戦国時代は干飯とともに携行できる保存食として重宝され、江戸時代になると全国に味噌文化が伝わり、各地で特色ある味噌が作られるようになり、地域性が高い食材となっています。

現在作られている味噌は、大きく「赤味噌」「白味噌」「八丁味噌」に分けられます。

赤味噌と白味噌は大豆と麹（米または麦）を、八丁味噌は大豆だけを醸造したものです。麦を使う麦味噌は九州や西瀬戸内地方で作られますが、全国的には赤味噌と白味噌のほとんどが米味噌です。

味噌の色の違いは、麹の配合率（麹歩合）と醸造期間によるものです。醸造期間が長くなると、糖とアミノ酸が結合することで起きるメイラード反応により、濃さが増していきます。また、大豆に対して麹の量が増えると白い味噌になり、反対に、ほぼ大豆で作られる八丁味噌は黒に近い茶色の仕上がりとなります。

●主な味噌の特徴

関東地方でよく使われる味噌として「仙台味噌」と「信州味噌」があります。

仙台味噌は、熟成期間の長い赤味噌で、香りが高いので、近茶流でも味噌汁によく使います。信州味噌も赤味噌に分類されますが、仙台味噌より麹歩合が大きく、多少甘みがあり、色も淡褐色です。全国の味噌生産量の約半分が信州味噌で、有名なブランドも多いので知名度は抜群です。

「西京味噌」とも呼ばれる「関西白味噌（京都白味噌）」があります。

醸造期間は7日から2週間と短く、赤味噌の麹歩合は大豆の半分～等量程度のものが多いのに対し、白味噌の麹歩合は大豆の2・5倍程度と麹の量が多く、塩分も少ないため、甘口なのが特徴です。丸餅を入れた京都のお雑煮を連想される方も多いでしょう。また、関西白味噌以外にも白味噌があり、広島県の「府中味噌」や香川県の「讃岐味噌」などの白味噌は同じように甘いのですが、塩分は少し高くなります。

●八丁味噌の特徴

ほぼ大豆で作る八丁味噌は、熟成期間は2年以上と長く、愛知・岐阜・三重など中京地方の特産で、色は赤味噌よりもずっと濃くなります。名古屋の味噌カツや味噌煮込みうどんが有名です。

●「合わせ味噌」の魅力

味噌はそれぞれに味や香りがありますが、それぞれの特徴を生かして合わせると、香りが立ち、美味しい味噌汁となります。

合わせ味噌は、自分で合わせて作ることもできますし、ブレンドされた商品も売られています。同じ系列の味噌を合わせてもあまり効果はなく、米味噌と麦味噌、米味噌と豆味噌のように麹の違うものや、米味噌どうしでも仙台味噌と信州味噌のように色の異なる味噌を合わせることで味や香りに変化が出ます。

合わせ味噌のいい例が「赤だし」です。これは、性格がまったく異なる八丁味噌と白味噌を合わせたものです。大豆だけで作る八丁味噌は、米や麦を使う味噌より糖分が少なく、濃厚な渋みと独特の強い香りがあります。これに白味噌を合わせて甘みを出したものが赤だしで、八丁味噌と西京味噌を合わせた「京桜味噌」などが有名です。

column

和食と塩加減——うま味を引き立たせるのに欠かせない「塩」

塩は、だしのうま味を引き立たせるのに欠かせません。じつはだしだけでは、美味しさを強く感じられませんが、そこに一つまみでも塩が入ると、一気に美味しさが口の中に広がります。吸い物の場合、生理食塩水（体液と同等の塩分濃度の水溶液）と同じ0・9％くらいの塩分濃度にすると、一番美味しく感じられます。

料理人も、汁物を作る際にはこの0・9％を目指して味をととのえています。

たとえば仙台味噌の場合、だいたいだしの分量に対して約8％の味噌を加えるとちょうどいい塩分濃度になります。もちろん、味噌によって塩分濃度は異なりますので調整は必要ですが、だし全体の1割弱の味噌を入れればちょうどいい美味しさになる、と覚えておいてください。

また、だしがしっかりとられた味噌汁は、味噌が少なめでも美味しく感じます。だしのうま味が弱いと味噌のうま味を加えてバランスをとりたくなり、結果的に味噌の量が増え、塩分が多くなってしまいます。いいだしをとることは塩分摂取の減少につながり、体にもやさしいのです。

9．具を知る

●味噌汁に合う具とは

「味噌汁に入れる具は何がいいのか？」と聞かれたら、私は旬のものを入れてくださいと答えます。というのも、味噌汁に合わない具材はほとんどないからです。

近茶流でも味噌汁にいろいろな具材を入れています。

定番の豆腐、わかめ、油揚げ、長ねぎ、大根はもちろん、魚のアラでだしを取った「あら汁」や、豚肉、牛蒡《ごぼう》、人参、こんにゃくが入った豚汁も作ります。旬の食材なら里いも、タケノコ、フキノトウ、春キャベツ、きのこ類、カボチャ、かぶ、アサリやシジミなど枚挙にいとまがありません。代表的な味噌汁の作り方を紹介します。

●じゃがいもと玉ねぎの味噌汁のポイント

豆腐、わかめ、長ねぎ、大根など日本古来の食材に対し、明治維新後に本格的に作られ始めたじゃがいもと玉ねぎは、味噌汁の具としては比較的新顔です。

しかし、この2つの組み合わせは味噌汁の具としての相性はとても良いです。ひと口大に切ったじゃがいもを（冷たい）だしと一緒にコトコト煮込み、細串が通るようになったら、スライス、または放射線状に切った玉ねぎを加えます。透明感が出てきたら味噌を溶き入れて火を止めればできあがりです。玉ねぎのシャキシャキ感がポイントですので、茹ですぎないようにしましょう。

●茄子《なす》の呉汁《ごじる》のポイント

呉とはすり潰した大豆のことです。大豆を一晩水につけて柔らかくし、皮をむいてすり鉢でよくすり、沸いた味噌汁に入れたものを呉汁と言います。ちなみに、呉に水を加えて煮詰め、搾って濾したものが豆乳、それを固めたものが豆腐です。

栄養価の高い呉汁は、暑気払いなど、体が疲れたときに食べると元気が出ます。中に入れる具は、夏なら茄子がお勧めです。

茄子を味噌汁に入れるときは、茄子の色を飛ばさないちょっとしたテクニックがあります。半分に切って斜め切りにした茄子を水につけてアク抜きします。それをしっかりと沸騰しただしの中に入れ、蓋をして30秒ほどグラグラと煮立たせます。高温により茄子の紺色が固定されるので、そこに味噌と具を入れるのです。低温から茄子を入れると鮮やかな紺色がくすんでしまいますので、気をつけてください。

●納豆汁のポイント

納豆汁は、江戸時代の料理本にも登場する味噌汁のバリエーションです。時代劇でもよく「なあっとなっとー」と朝早く売り歩く納豆売りが登場するほど、江戸の庶民の間で納豆はポピュラーな食材でした。

作り方は、納豆をすり鉢ですり潰すか、まな板でよく叩いて粘りを出してから、味噌汁に溶き入れるだけです。呉汁と同様、さまざまな具と合いますが、豆腐と油揚げを入れた「栄養満点の大豆づくし」の味噌汁がお勧めです。

ポイントは、軽く沸いた味噌汁にすりつぶした納豆を入れて、煮えばなを早く食べること。時間を置くと風味が落ちてしまいます。

●豚汁のポイント

味噌汁として老若男女に人気なのが豚汁です。定番の大根や里いもに、豚肉、こんにゃく、人参、牛蒡などが入った豚汁は、寒い時期に心身ともに温めてくれます。

ひと口大に切った野菜を、ごま油で炒めてから、肉を加えて少し炒めます。その後、だしを加えて、人参や里いもに細串が入るようになったら、味噌を加えて5分ほど煮ます。

味見をして、もうひと味欲しいときに役立つのが「みりん」です。みりんを大さじ1杯程度入れることで、食材のくせを消し、味をまとめてくれます。

みりんは、鱸《すずき》などの白身魚のあら汁にも効果があります。昆布と霜降《しもふ》り（魚の臭みを消すために熱湯に入れて下処理すること）をしたアラを入れて15分ほど中火で煮るといいだしが出ますので、ここに味噌を溶き入れます。このときも隠し味でみりんを入れると、魚の臭みを消して味をまとめる効果があります。甘味をつけるためではありませんので、あくまで少しだけ入れるのがポイント。近茶流の隠し味テクニックです。

Ⅱ　世界一美味しい味噌汁を作ってみる

10．だしを引く1〈昆布＋鰹節〉

●近茶流のだしの引き方

１００人の料理人がいたら、１００通りのだしの引き方があるといわれています。ここでは近茶流のだしの引き方をお教えします。昆布と鰹節のそれぞれのいいところを引き出す方法です。一つひとつ手順を追って紹介します。

基本的に近茶流で使う日高昆布を例に挙げ、その他の昆布は手順が異なる場合に随時、説明を加えます。

大きな流れとして、

（1）昆布を水に入れ、ゆっくり加熱する。
（2）昆布が広がり、小さい気泡がついてきたら（60～70℃）、昆布を取り出す。さらに加熱し、沸騰したら鰹節を入れて火を止める。
（3）静かに1分おき、鰹節を濾《こ》す。

●昆布だしを引く

①昆布の量

昆布はだしを作る鍋の内径より1～2㎝短くカットしたものを、水5カップから8カップくらいに対して1本（利尻昆布の場合は2～3本）使います。

②昆布の表面に付いたほこりや砂などを落とす

利尻昆布、真昆布、羅臼昆布など、平らに整形された昆布は、表面を硬く絞った濡れふきんで軽く拭き取ります。日高昆布の場合はねじれていて全体を拭くことができないので、水で軽く洗い流します。ここでの注意は、表面に付着している白い粉です。これは「マンニット」という昆布のうま味成分ですので、きれいに拭き取ったり、洗い流したりしないようにしてください。

③鍋に水を入れる

水の量は、「作りたいだしの量プラス1カップ」です。たとえば5カップ分のだしを作るなら6カップ分の水を入れます。1カップ分増やすのは、蒸発したり鰹節が吸収したりする分を計算しています。

④昆布を鍋に入れたら中弱火で加熱する

昆布はすぐにうま味が出はじめるので、加熱する前に水につけておく必要はありません。とくに日高昆布はつけすぎるとぬめりやにおいが強くなるので、水につけたまま放置しないようにします。逆に真昆布や羅臼昆布はだしが出にくいので、6時間程度水につけてから使う場合もあります。

⑤中弱火でゆっくりと温度を上げていく

60℃を目指して、ゆっくりと温度を上げます。昆布は水からうま味を出しますが、温度が高くなると（70℃以上）、ぬめり、色など、余分なものまで出てきてしまいます。時間が短すぎても昆布から味が十分に出ないので注意してください。

ゆっくり加熱すると、10分くらいで昆布が3～4倍の幅に広がり、小さい泡が昆布表面からプツプツと上がってきます。これがだいたい60～70℃です。このときにやってはいけないのは、うま味を多く出そうと思って昆布を揺すったり沈めたりすることです。静かにうま味を引き出すのがポイントです。

⑥昆布を静かに取り出す

昆布表面から小さい泡がプツプツと上がってきたら、ゆっくりと昆布を取り出します。もし、ここに書かれた手順どおりにやってみても思ったようなだしがとれないのであれば、昆布の種類と特徴を確認してみましょう。場合によっては、加熱する前に多少水につけておくほうがいいかもしれません。

また、スーパーなどで「だし昆布」として売られているものは、結構ペラペラでうま味があまり出ないものもあります。そういう場合は、昆布の量を増やすか、より肉厚で黒々とした良い昆布で試してみてください。

column

昆布だしに合う水とは?

米の話の際、日本の水道水はご飯を十分美味しく炊けるので、必ずしもミネラルウォーターを使う必要はないとお伝えしましたが、昆布だしはどうでしょう。

結論から言えば、この場合も水道水や濾過水で大丈夫です。昆布だしの場合、軟水ではうま味が出るのですが、硬水ではほとんどうま味が出ないうえに、ぬめりや濁りが出てきます。海外に行くと硬水が多いので、軟水のミネラルウォーターを用意する必要が出てきます。

米のところでお話ししたように、日本の水はほとんどが軟水です。ただ、京都は軟らかめの軟水、東京は硬めの軟水で、だしの出方にも多少の差があります。京都で利尻昆布、関東で日高昆布が多く使われるのは歴史的経緯に加えて、水との相性も影響しています。日高昆布は東京の水でうま味が出やすいのです。京都で引く利尻昆布のだしと、東京の水で引く利尻昆布のだしは違うのです。

●沸騰したら鰹節を入れる
鰹節は香りが命。新鮮な花かつおを用意してください。

⑦昆布だしを引いた鍋を強火で加熱する
昆布は水からうま味が出ますが、鰹節は高温のほうが雑味の少ないうま味が出ます。

⑧沸騰したら火を止めて、鰹節を入れる
鰹節の量は、だし1カップあたり4g前後を目安にします。5カップ分なら20g前後になります。最初は計量したほうがいいと思いますが、慣れてきたら、手ばかりや目分量でもだいたい見当がつくと思います。ちょっと大きめのひとつかみ分、あるいは鍋に入れたときに鍋表面が鰹節で埋まり、真ん中が軽く山盛りになるくらいが目安です。

⑨火を止めて1分間待つ
水面から出ている鰹節を菜箸などで軽く押さえます。上から鰹節を無理に押さえつけたり、混ぜたりしないでください。たくさんのアクが出て雑味が出ます。1分間程度おくと、

鰹節が水の表面より少し沈んだ状態になります。

1分間待つ間にだしを濾す準備をしておきましょう。だしを入れられる大きめのボウルにザルをのせ、その上から濾すためのさらし（ふきん）か、なければキッチンペーパーをおきます。

花かつおは香りが飛びやすいうえ、お湯に入れた瞬間から数十秒でだいたいのうま味は出ると言われています。沸騰させたままだと香りがすべて飛んでしまいますし、濁りやアクも出てるので、鰹節は手早く引くのがポイントです。

⑩さらしでだしの鰹節を濾して、絞る

だしを濾してから、さらし（ふきん）の上に残った鰹節には、まだだしが残っているので、さらしの四隅を持って、箸で押さえて、一度ギュッと絞ります。だしが濁るから絞らないという人もいますが、そんなことはありませんので大丈夫です。

ボウルの中に、透明感があって琥珀《こはく》色のだしが引けていれば、成功です。

column

一番だしと二番だし

料理屋などでは、残った昆布と鰹節で再度、水と鰹節を加えて「二番だし」をとることがあります。この二番だしは、野菜の下茹でや煮物などに使います。

しかし、私は家庭ではあまりお勧めしません。家庭で引くだしの量だと、「二番だし」を引くほどだしがらは出ませんし、一回良いだしが引ければすべての料理に使えるわけですから、二番の必要もないのです。

しかし、だしがらにはうま味が少し残っているのも事実ですので、付章『「だしがら」を利用する』を参考にしてください。

11. だしを引く2〈昆布＋煮干し〉

●煮干しの合わせだしの特徴

合わせだしというと「昆布と鰹節」が定番ですが、煮干しも鰹節もうま味成分は同じイノシン酸ですから、「昆布と煮干し」の組み合わせにも「うま味の相乗効果」があります。

同じ魚系でも煮干しは鰹節と比べて魚の香りと味が濃厚なだしがとれます。昆布と鰹の合わせだしのような広範囲の料理には使えませんが、味噌汁のだしとしては鰹だしよりも好む人は少なくありません。

●昆布と煮干しの合わせだしを引く

昆布と鰹節の合わせだしは、最初に昆布のだしを引き、それから鰹節のだしを引きましたが、昆布と煮干しの場合は、水から一緒に煮出しします。

煮干しは鰹節の花かつおのように薄削りにできないので、煮立ってからではうま味を出しにくいことと、味噌汁のだしとして使われることが多いので、水から煮出して魚臭さが出ても味噌に打ち消されるからです。

また、昆布と合わせない煮干し単独のだしや、トビウオを干したアゴだしなどカタクチイワシ以外の煮干しも、ほぼ同じやり方でだしを引くことができます。

①煮干しの頭と内臓（はらわた）を取る

頭と内臓には苦味があるので、丁寧に取り除きます。まず頭を取り、身を半分にさき、黒い内臓を取り出します。

②鍋に水を入れ、頭と内臓を取った煮干しを入れる

水の量は作りたいだしの量プラス1カップ、煮干しの量は水5カップに対して18gです。

③昆布と煮干しを鍋に入れ、中弱火で加熱します

昆布と煮干しからうま味を引き出すために、ゆっくり温度を上げます。

④中弱火でゆっくりと温度を上げていく

昆布が3～4倍の幅に広がり、小さい泡が昆布表面からプツプツと上がってくるようになったら、ゆっくりと昆布を取り出します。

⑤火を強めにして沸騰させる

煮干しからはアクが出ますので、アクを丁寧に取りながら10分程度フツフツと静かに煮ます。この間に火加減に気をつけながらだしを濾す準備をしましょう。だしを入れられる大きめのボウルにザルをのせ、その上から濾すためのさらし（ふきん）、なければキッチンペーパーを被せます。

⑥火を止め、だしをボウルにあけて煮干しを濾し取る

さらしやキッチンペーパーからだしが溢れないようにゆっくりとザルにあけます。これで昆布と煮干しの合わせだしは完成です。

column

和食料理の必需品「さらし」を上手に使いこなそう

鰹だしや煮干しだしを濾すときに使うさらしは、和食の料理人にとって必須アイテムともいえる存在です。第1章の「炊いたご飯を保存する」でも、ご飯を蒸らす際に余分な水分を吸収するため、鍋と蓋の間に挟む使い方を紹介しました。

また、茶巾《ちゃきん》絞りにしたり黄身酢を濾したり、袋縫いにしてアンコを絞る袋として使ったりします。包丁やまな板を拭くのにも使われます。最後は雑巾として使いきります。

このように非常に用途が広いので、私のところでは一反で買います。それから、そのつど必要な大きさに切って使います。最初から袋状になっているものや、手拭いの長さにカットされているものもあります。

さらしは多目的に使えます。だし濾しに使う場合には目が細かいさらしよりも、少し目が粗いほうが目詰まりなく使いやすいです。それほど高価なものではないですし、キッチンペーパーのように使い捨てではありません。

12. だしを保存する

●だしは何日くらい保存できるのか

自宅で作っただしは、すぐに使うのがベストです。だしは引きたてが味も香りもいいからです。

ただ、家庭では、いつも引きたてを使うとはいかないと思います。そのときは、冷蔵庫で蓋付きのビンや容器に入れて、冷蔵庫のにおいが移らないように保存してください。1～2日で使いきりましょう。また、冷凍保存はお勧めしません。だしは冷凍すると水っぽくなってしまい、だしとして使えなくなってしまいます。

吸い物の場合、当日と翌日では美味しさの違いが顕著に表れます。味噌汁の場合は、味噌自体が強力な風味を持っていますので、だしを冷蔵庫に保存しておけば翌日でも美味しく味わうことができます。それでも、冷蔵庫でのだしの保存は作った当日と翌日の2日間とお考えください。3日目になると、味噌汁でも明らかに風味が落ちます。

13. 具を入れるタイミング

●具によって変わるベストなタイミング

味噌汁の具は、季節によっていろいろなものが楽しめます。その具は野菜や魚介だったりしますが、その食材の硬さや火の入り加減によって、入れるタイミングが異なります。その食材の美味しさを最大限に楽しめるタイミングで具を入れましょう。

①水から入れる

アサリやハマグリ、魚のアラなどは、水から入れて火にかけます。具からだしをとりたい場合は、水から煮出したほうがうま味が出ます。あら汁の場合、魚のアラにはうろこや余分な脂が付いている場合もあるので、一度熱湯で霜降りしたり、焼いたりしてから、水からだしをとるといいでしょう。

②冷たいだしから入れる

大根や人参、じゃがいも、カボチャなどアクの少ない根菜類などの場合、千切りや、小さめのひと口大、いちょう切りなど、小さく切って火が入りやすいようにしてから、冷たいだしに入れ、火にかけて柔らかくします。

また、豚汁など具を先に油で炒めた場合も、全体に火が入ったら、冷たいだしを加えます。

③沸いただしに入れる

キャベツや白菜など、水気の多い葉野菜の場合、沸いただしに野菜を入れ、火が入ってから味噌を入れたほうが、色を良くし、味のぶれも少なくてすみます。

④沸いただしに味噌を加えてから、入れる

豆腐や水菜、もやしなどのすぐ火の入る食材や、ほうれん草や小松菜などアクの強い野菜は下茹でしてから、火を止める直前に入れるといいでしょう。

また、えのき茸やしめじ茸などのきのこもすぐに火が入るので、味噌汁を作ってから中に入れます。しかし、舞茸やなめこなど、色が出やすいきのこの場合、一度熱湯で茹でてから加えます。

わかめは塩蔵と乾燥があります。塩蔵の場合、一度塩を洗い流し、水に5分ほどつけて、塩出しします。次に熱湯で霜降りしてから、すじを取り、好みの大きさに切ります。乾燥の場合、水でもどして使います。いきなり味噌汁に入れると、十分にもどらずに硬くなるので、もどして使ったほうが良い食感になります。

14. 味噌の量

●種類によって変わる味噌の量

味噌の種類によって分量が変わります。仙台味噌や信州味噌などの赤味噌系は、だしに対して8％前後の量、京都白味噌は、だしに対して20％前後が基本となります。八丁味噌は10％前後にします。

また、赤味噌系は、いわゆる「煮えばな」が香りよく美味しいのですが、白味噌や八丁味噌は少し煮込むと味が出てきます。

味噌汁に合う季節の具材の一例

春
せり
うど
タケノコ
ふき
アサリ、ハマグリ

夏
ごぼう
インゲン豆
茄子
キャベツ
じゃがいも

通年
豆腐（木綿、絹ごし）
揚げ豆腐
わかめ
湯葉
麸

冬
かぶ
大根
白菜
ほうれん草
山いも
長ねぎ

秋
里いも
タマネギ
カボチャ
さつまいも
きのこ

付章

ご飯を引き立てる菜《おかず》を作る

1. ご飯に合うおかず

●ご飯主体の膳組《ぜんぐみ》——一汁三菜

和食の膳組の基本に「一汁三菜」や「一汁一菜」「二汁五菜」という言葉があります。「一汁」とは味噌汁のことですが、言外に「ご飯」も含んでいます。和食にはご飯のない食事の概念がないので、あたりまえのこととして、あえて「一飯」とは言わないのです。

これは「菜」についても同様で、三菜も五菜も、ご飯を抜きに語ることはできません。

一汁三菜になれば一度の食事で14~15種類の食材が含まれます。これは、海外の料理がせいぜい5~6種類であることを考えれば、はるかに多彩で、栄養面で非常にバランスのとれた食事ということができます。

●豊富な食材と多彩な調理法

和食の特徴であり、多種の食材を食べる膳組が日本で広まった背景の一つには、食材の豊かさがあげられます。

海に囲まれた島国であり、南北に細長く、中央に山脈の通った日本列島は、全国的に水に恵まれ、昔からさまざまな魚介類や野菜を食べてきました。

日本の献立の立て方は、生、煮る、焼く、蒸す、揚げるの「五法」と呼ばれる調理法で分けられます。一方、海外のメニューは食材別になっていることが多いようです。これは日本料理は食材の種類が多いために、肉・魚など素材別にできないことも関係していると思います。

さまざまな食材に多彩な調理法で味付けをすることで、食感や味の違いを楽しめ、見た目に美しく、結果的に栄養バランスも良く、それでいてローカロリーという和食文化が生まれました。

●世界でも有数の魚食文化

今日、築地市場には日本各地はもとより世界中から、一年を通して約480種、一日で見ても140種近い魚介類が入荷します。これは世界でも類を見ない種類の多さで、取扱量・取引金額ともに世界一の規模の市場です。

江戸時代から日本橋にあった魚河岸も、江戸前の豊穣《ほうじょう》な恵みで溢れていました。江戸前の海は遠浅で多くの小魚がとれました。キスや穴子、コハダ、うなぎなど、いまに伝わる天ぷら、寿司、うなぎの蒲焼きといった江戸料理の食材から、アサリ、ハマグリなどの貝類、はたまた鎌倉沖の初鰹、房州の鯛《たい》や鰤《ぶり》など遠くからも日本橋へと魚が運ばれてきました。

また、肥沃《ひよく》な関東ローム層を持つ関東平野は野菜の一大産地でもあり、千住ねぎ、練馬大根、小松菜、滝野川牛蒡《ごぼう》、谷中生姜など多くの江戸野菜が栽培されました。多種多様な魚介と野菜の組み合わせが新しい料理や調理法の登場を促し、日本人の食卓を豊かにしてきたのです。

仏教伝来によって、天武天皇の時代に肉食禁止令が出されて以降、家畜である牛や豚を食べることを忌み嫌いました。しかし、逆に食材が限られたことにより、人々が魚の食べ方を試行錯誤したことで、生食などの日本の幅広い魚食文化を生んだのだと思います。

●本章で紹介する「ご飯がすすむおかず」

これまで、ご飯の炊き方と味噌汁の作り方を紹介してきましたが、これからはご飯のすすむおかずを紹介します。

ご飯のお供として欠かせない「漬物（香の物）」に加え、だしを足した割り醤油を使った「おひたし」、だしがらを使った「佃煮」と「ふりかけ」、米の研ぎ汁を使った「煮物」など、手軽でお役に立てそうなものを紹介します。

column

大江戸揚げもの事情

代表的な江戸料理として、天ぷらがあげられます。

揚げものは、古くから寺院の料理としてありましたが、一般的ではありませんでした。江戸時代半ばまで油は貴重品で、おもに灯《あか》り用に使われていました。

その後、搾油技術が向上して大量生産できるようになると、文化文政期（1804〜1830年）以降、江戸前の魚介を揚げた天ぷらの屋台が庶民の間で流行するようになります。

当時、天ぷら屋は、店を構えることなく、屋台で営業していました。エビやハゼなどの魚介類の揚げたてを、串を通して天つゆをつけて食べます。しかし、火事の危険があるため、江戸では屋内で天ぷらを揚げることが禁止されていたそうです。

その頃は、七輪が開発されていて、火を移動することはすでにできましたが、薪や炭では、油の温度管理がとてもむずかしいものでした。私も七輪で天ぷらを揚げたことがありますが、温度はなかなか上がらず、上がったらどんどん高温になるので、適温に調整するのがとてもむずかしかったのを覚えています。また油も、いまより精製技術が低く、不純物も多かったことから、発火しやすすかったのが原因だと思います。

ただ、屋台で手軽に食べられたことが、寿司・うなぎ・そばとともに「四大名物」とされる江戸を代表するグルメとなりました。天ぷらが屋内で食べられる料理屋ができたのは、幕末・明治になってからのことです。

2．一汁一菜に秘められた知恵

●必要最低限のエネルギーと栄養素がとれる

鎌倉時代に中国から伝わった禅宗の修行僧の食事は「一汁一菜」が基本となります。ご飯と味噌汁と漬物を主体とした質素なもので、基本的に朝食はお粥と一汁一菜、夕食には少しの野菜のおかずがつく程度です。

とてもシンプルであり、もちろん精進なので魚や鶏肉は出ませんが、これだけで生きていくために必要最低限のエネルギーや栄養素がほぼとれる、バランスのとれた食事でもありました。

私が1200年以上続く東大寺の修二会で、練行衆に菜を作る院士《いんじ》を勤めていたときも、本行中は1日1食で、一汁二菜が基本でした。厳しい修行の中の1日1食なので、飯の量、一菜の量がとても多いのが印象的でした。

昔は一菜がご飯を食べるためのおかずだったのに対し、現代はおかずを食べるためのご飯へと役割も変化しつつあります。

3. 一菜の基本、香の物

●漬物はなぜ「香の物」とも呼ばれるのか

もっとも基本の「一汁一菜」とは、禅僧の食にも通じる、ご飯と味噌汁と漬物のことです。漬物とは、魚や野菜などを塩で漬けたものの総称ですが、「香物《こうのもの》」以外にも「香々《こうこう》」「新香《しんこう》」などの呼び名があります。

漬物を香の物と呼ぶようになったのは、室町幕府八代将軍・足利義政の時代の、15世紀半ば頃と言われています*。

当時、味噌のことを「香」と呼んだことから、味噌漬けのことを香の物と言うようになりました。その後、塩だけで漬けた即席の漬物を「新漬けの香の物」から「新香」となり、ぬか漬けや粕漬けにも香りがあることから、野菜の漬物の総称になりました。

＊『飲食事典』本山荻舟・平凡社刊より

●浅漬けは即席漬けが主流に

元来、浅漬けとは大根の塩漬けやベッタラ漬けのことを言いましたが、いまでは手早くできる、漬けの浅いもの全般を浅漬けと言うようになりました。現代では冷蔵庫などで保存が簡単にできることから、塩分の強い漬物が少なくなり、短時間ででき、塩分の低い即席漬けが主流になってきました。

漬けてから数時間または1～2日で、まったく発酵していないか、軽い発酵しかしていないので、塩漬けした後に、酢や調味だしに漬けて、味を付けます。もっともシンプルな塩を振って揉むだけの浅漬けは、サラダ感覚で摂取でき、野菜の美味しさが凝縮しているので、手軽に漬物を楽しめます。

column

近茶流の梅干し

私たちの料理教室では、毎年6月、梅干しを作ります。大梅と小梅を漬けるのですが、大梅の場合は20％、小梅の場合は15％の塩分で漬けるのが基本となります。

まず、2週間ほど塩漬けして、梅酢が上がってきたら、塩で揉んでアク抜きした赤じそを漬けて、真っ赤に仕上げます。

その後、夏の土用の頃、3日間天日干しすると梅干しになります。

一方、長期間、色をきれいに保てるということで、土用干しせずにそのまま梅酢に漬けておく場合もあります。

市販されている梅干しは、塩分5～8％と表記されていることが多く、それが普通だと思っている方も多いように思います。しかし、業者は必ず、まず20％で漬けてから、その後、塩出しして、再度、調味液に漬けています。必然的に塩分は低くなって保存性も低くなるので、どうしても保存料に頼ることになります。

しかし、できるだけ塩分を低くしたいという気持ちもわかります。低塩にする方法はいくつかあります。漬けるのが少量でしたら、ジッパー付きビニール袋を使う手もあります。密閉されることで雑菌の入る可能性が低くなり、通常より2〜3％低い塩分で漬けることができます。

また、愛媛県砥部町《とべちょう》七折《ななおれ》地区の「七折小梅」という、クエン酸濃度が比較的高く、塩分が少なくても漬けられる梅があります。このような12％程度の塩分で漬けても黴が生えにくい特別な梅を使うのも一つの方法です。

4. 浅漬けの基本

●塩を振っていきなり揉んではいけない

漬物の第一歩は即席漬け、その基本は塩です。たとえば大根漬けは、大根に塩を振って揉むことで塩味が付くとともに、水分が出て野菜の美味しさが凝縮されます。

大根200gに塩小さじ1杯を目安として、皮をむき、千切りにして塩を振って軽くまぶします。

このとき、塩を振っていきなり揉むと、大根の細胞壁を壊してしまうために苦味が出てしまいます。塩をまぶしてから、10分ほどすると自然に水気が出てきます。それから揉むことで、細胞壁も壊れず苦味が出ません。このことを知らずにすぐ揉む方が多いので気をつけてください。

適切な塩加減は、ある程度試行錯誤を繰り返して、自分の感覚をつかむことが大切です。塩分が薄いと十分に水が出ませんし、塩分が多いと塩辛くなります。そのときは水を加えて、軽く揉んで塩出しすれば美味しく食べられます。

●適切な塩加減と香りづけ

浅漬けの標準的な塩の量は、漬ける食材に対して約1～2％と考えてください。

浅漬けは野菜の美味しさを味わえますし、さらに香りを加えることでより美味しく楽しめます。夏ですと、しその大葉や実、冬は柚子《ゆず》の皮がいいでしょう。また、鷹の爪や一味唐辛子を加えることで味が締まりますし、保存性も高まります。

いつも冷蔵庫に入っている食材や、スーパーなどで手軽に手に入る食材で美味しい漬物が作れたら、毎日の食事もさらに豊かになると思います。

次項で私のお勧め「キャベツと大葉としその実」の浅漬けを紹介します。

●キャベツと大葉としその実の浅漬け

繊維に沿うように帯状に切ったキャベツに塩をまぶし、水気が出てきたら刻んだ大葉を入れて一緒に揉みます。大葉にはアクがあるので普通に切ると色が悪くなりますが、ここでキャベツと一緒に揉むことでアクが抜け、色が変わらずに香りも付けられます。これをギュッと絞って水気をきり、さらにあれば、しその実の塩漬けを和えてできあがりです。

分量の目安としては、キャベツ250gに対し塩小さじ1杯、大葉5枚。しその実はお好みでどうぞ。キャベツ1玉は通常700gくらいありますから、250gなら1／3〜1／4個が目安です。

column

いろいろな漬物に応用できる「甘酢」を作ろう

浅漬けにひと手間加えて酢の物になる「甘酢」を紹介しますので、これもぜひ試してみてください。

米酢100ccに対し砂糖大さじ4、塩小さじ1/5を小鍋に合わせて、ひと煮立ちさせ、冷まします。これを瓶に入れて常備しておき、醤油や水、だしを加えて使います。塩揉みしたキュウリや大根などに使うことで、思いたったときにもう一品の料理が作れます。

その他にも、寿司の付け合わせのガリでしたら、薄切りにした生姜を熱湯で5分ほど湯がいた後、基本の甘酢にそのまま漬ければいいのです。

●「立て塩」について

キュウリの酢の物の場合、塩水に漬ける方法もあります。

水2カップに塩大さじ1程度の、海水と同じくらいの濃度の塩水を使います。この塩水を「立て塩」と言います。ここに薄く切ったきゅうりを入れ、10分程度でしんなりしてきたら、水気を絞って甘酢を加えます。

立て塩は「味を立てる塩」という意味で、たとえば野菜を漬ける以外にも、魚介類を洗ったり、下味をつけたりするときに使います。分量を覚えておくととても役立ちますよ。

5. ぬか漬けについて

●ぬか床の作り方

精米時に出る「ぬか」を使い、漬物にする文化は、米を主食とする国でも日本だけのものです。世界一美味しいご飯・味噌汁とぜひ一緒に食べていただきたいと思います。

ここでは漬物の奥深い世界を少しだけ紹介しましょう。手軽に始められるものではありませんが、ぬか床を育てる感じで、一から始めると楽しいものです。作り始めると愛着がわき、はまってしまうのもぬか漬けの魅力です。

ぬか漬けを漬ける「ぬか床」は、米ぬかと塩と水、防腐効果のある鷹の爪で作ります。ぬかはできるだけ新しいものを使います。米屋などで精米したてのぬかをもらいましょう。最初はぬかの発酵が足りないために塩なれしておらず、しょっぱい感じですが、発酵が進み、乳酸菌が増えると、香りよく、美味しくなります。最初は人参の皮やキャベツの外側などを加えて、捨て漬けをおこなってください。数回取り替えていくうちに塩なれして、1～2週間で野菜を漬け始めることができます。

もし親や知人に美味しいぬか漬けを作る人がいれば、ひとにぎりぬか床を分けてもらうのも手です。作ったぬか床に加えることで発酵が早く進み、早く漬けることができます。また、菌が同じなので、分けてもらった方の作るぬか漬けと同じ味になりやすくなります〈ぬか床の管理や漬け方のノウハウは拙著『和食のきほん』〈池田書店刊〉などで詳しく紹介しています〉。

●毎日かき混ぜるのが基本

ぬか漬けというと、ぬか床を毎日かき混ぜなければならないというイメージがあります。原則としてはそのとおりです。

それでは泊まりがけの旅行などに行けないのかというと、そういうことはありません。時間がないときは冷蔵庫に入れておけば、ぬか床を休眠状態にすることができます。冷蔵庫から出して菌が活動を再開するまで数日かかりますが、何日かかき混ぜていると温度が上がってきて菌がふたたび動き出します。

ぬか床をかき混ぜる目的は上下を返すことで、空気を入れることです。かき混ぜないでいると乳酸菌がだんだん弱ってしまい、酪酸菌や酵母などの菌が増えてよくない臭いの発生する元になります。ぬか床をかき混ぜることで全体に空気が入ると乳酸菌が適度に発酵し、バランスのいい菌の状態が保たれるのです。

●できるだけ一人の人がかき混ぜる

冷蔵庫に入れていない期間は、やはり毎日かき混ぜる必要があります。かき混ぜる回数については、夏場は1日2回などと紹介されることがありますが、いまは空調が利いていて、それほど高温にならないので、私は夏場でも1日に1回混ぜれば十分と考えています。実際に近茶流でも1度しか混ぜていません。

また、ぬか床をかき混ぜる役はできれば同じ人が続けてください。ぬか漬けの味は、人それぞれが持つ菌によって変わってきます。ある人特有の菌をベースとしてバランスが取れていたぬか床の微生物の状態（ミクロフローラ）に他人の菌が入ると、ミクロフローラのバランスが崩れ、雑菌が入る原因となったりするからです。近茶流でも毎年ぬか漬けを作りますが、ぬか床を管理する担当者を決めて、その人がかき混ぜています。

また、混ぜた後、容器の壁面はきつく絞ったふきんでふいて、いつも清潔にしてください。多くの雑菌は、壁面に残った少量のぬかから繁殖します。

column

ぬか床は冬は漬けず、休ませていた

ぬか漬けにも旬があります。本来は1年を通して漬けるものではありません。5月頃にぬか床を作るか、または昨年のものを起こし、夏の間いろいろな野菜を漬け込み、大根などの野菜が終わると11月頃から翌年の春までは寝かしていました。冬はぬか床の表面に和紙を置き、その上に塩と唐辛子を散らして床下などの冷暗所で保存したのです。

こうして、いつも同じぬか床を継承することで、その家ならではのぬか漬けができるようになります。同じぬか床を使うほうが、翌年にまた一からぬか床を作るより美味しく漬かるので、大切にしていたのです。

また面白いことに、菌も一年中活動していると疲れてしまいます。ちょうど冬は野菜の少ない時期でもあり、菌も休ませたほうが元気になって、翌年、美味しいぬか漬けができます。微生物の存在が知られていない時代からの日本人の知恵なのです。

6. おひたしを作る

●美味しいおひたしの基本

おひたしは茹でた野菜を、調味料を加えただしに浸す料理です。とても簡単な料理と思われがちですが、このような料理こそ小さなポイントをしっかり押さえることで味が大きく変わります。野菜の新鮮さも重要になる、単純なようでじつは意外と難しい料理です。

まずは茹で方ですが、茹ですぎないように注意してください。野菜の種類によって茹で時間も変わりますが、その野菜の鮮度によっても変わります。鮮度のよい野菜は早く茹だります。

基本は、なるべくたっぷりの熱湯に小さじ1杯程度の塩を入れて茹でます。たっぷりのお湯に塩を入れて茹でるのは、緑色をきれいに保つためです。湯が少ないと、野菜を入れたときに温度が急に下がって色が悪くなりますし、野菜のアクが十分に出ません。

指先を冷水で冷やしてから、軸をつまんで柔らかさを確認します。その後にすばやく冷水で冷まします。さらに流水にあてて、芯までしっかりと冷ましてください。

●ほうれん草は絞りすぎない

ほうれん草は熱湯に入れて30～40秒、軸の太いものでは1分ほどで柔らかくなります。取り出したら、水で冷たくしてから絞ります。このとき、けっこうギュッギュッと手で絞る方が多いのですが、ほうれん草が蓄えている水気も味ですので、絞りすぎないのがポイントです。

近茶流では直接手で絞らず、簾《すだれ》に巻いてギュッと絞っています。手で絞りすぎると細胞を壊してしまい食感が悪くなるのと、手の部位によってばらつきも出ますが、簾なら適度に、そして均等に絞ることができます。

軸の太いほうれん草の場合、火が通りやすいように根の部分に十文字に包丁を入れたうえで、軸のほうから湯に入れて少ししなっとさせてから、葉のほうも入れて茹でます。

なお、ほうれん草のアクは、えぐみの元となるシュウ酸です。なるべくたっぷりの湯で湯がくのは、水溶性のシュウ酸を出やすくする効果もあります。

●菜の花は茹でる前に水につけるのがコツ

菜の花も茹で方は基本的にほうれん草と同じですが、茹でる前にちょっとしたコツがあります。

菜の花は、店頭に並んだ状態では萎《しお》れています。細胞が大きいためにすぐ水気が飛んでしまうためです。萎れて売られている野菜は菜の花くらいです。

ただ、そのぶん水上げがよく、軸の下のほうを少し切って水に浸しておくと15分くらいで元気に復活します。それから茹でると30～40秒で全体が均一に茹であがります。水で戻さずに茹でると、葉のほうは40～50秒で柔らかくなるのに、軸のほうは1分半くらいかかり、ムラができるのです。菜の花は一度、水につけてから茹でてください。

●生上《きあ》げ

湯がいた後、ほうれん草などの葉物の多くは水につけて絞りますが、水気を絞ることができない菜の花やインゲンなどは水につけず、ザルに上げて水気をきり、うちわなどで冷まします。これを「生上げ」と言います。

菜の花は非常に水を含みやすく、水にとると、水っぽくなってしまいます。生上げにすることで、浸し汁がそのまま野菜に入ります。同様に生上げが望ましいものとして、菜の花やインゲンの他、「ぬた」にする分葱《わけぎ》などがあります。

●醤油洗い

もう一つ、ぜひ覚えていただきたい手法があります。茹でた野菜の水気をとる手法として、生上げした後に、熱いうちに少量の醤油をかける「醤油洗い」です。醤油をからめてからその醤油を捨てると、余分な水分が抜けると同時に、醤油が中に入って下味が付きます。これに鰹節をまぶした「粉節和《こぶしあ》え」は、もっとも簡単で美味しいおひたしの一つです。

醤油洗いに向いている野菜として、インゲンやオクラが挙げられます。

●割り醤油の作り方

おひたしに使う割り醤油の基本は「だし2に対して醤油1」です。ほうれん草、小松菜、春菊、菜の花などだいたいこれでいけますが、茹でた後の絞り加減で水気が多めであれば、少し醤油の量を増やしたりします。

7.「だしがら」を利用する

●だしを引き終わった昆布と鰹節のだしがらを活用

合わせだしを引いた際に残った昆布と鰹節のだしがらも、そのまま捨てるのはもったいないですね。

家庭では一回で使う量は少ないですから、昆布と鰹節を軽く絞ってから別々に袋に入れて冷凍庫に保存し、数回分たまったら保存性の高いおかずに仕上げましょう。

●昆布の佃煮の作り方

だしをとった昆布には、うま味成分が1～2割程度残っています。これで美味しい佃煮を作りましょう。

だしをとった後の昆布80gを2～3㎝角の色紙切り（正方形）にして、鍋に入れてしっかりかぶる程度の水を加えます。酢小さじ1と酒大さじ1を加え、中火で落とし蓋をして、20分ほど煮ます。昆布が柔らかくなったことを確認してから（まだ硬い場合は、再度水を加えて、柔らかくなるまで煮る)、醤油（大さじ1と1／2）とみりん（大さじ1）を入れて、水気がなくなるまで煮詰めると佃煮のできあがりです。みじん切りにした大葉と煎った白ごまを加えると味にアクセントが出ます。

醤油は普通の濃口醤油でもいいですが、ちょっと色が薄く仕上がります。昆布に限らず、佃煮を作る場合はたまり醤油を使うと濃く、黒く仕上げられます。

●鰹節のふりかけの作り方

鰹節（花かつお）は、薄く削ることで1分でほとんどのうま味を引き出せるようにしています。したがって、だしがらにうま味自体は少ししか残っていませんが、醤油などで味付けすれば美味しいご飯の供、ふりかけに変身します。

だしをとった後の鰹節(40g)を細かく刻み、鍋で乾煎りします。水分が飛んだら、醤油(小さじ2)、みりん（小さじ2)、酒（大さじ1と1／2)、お好みで刻んだ梅干し、ごま、青海苔などを入れて味をつければできあがり。梅干しが入ると酸味がアクセントになって美味しいですよ。

8.「米の研ぎ汁」を活用する

●米の研ぎ汁＝白水で、煮物が美味しくなる

第1章「米を研ぐ」でも紹介しましたが、米の研ぎ汁（以下、研ぎ汁）は江戸時代から「白水《しろみず》」と呼ばれ、野菜を茹でたり乾物を戻したりするときに使われてきました。とくに、白濁の濃い最初の研ぎ汁が一番効果を得られます。

研ぎ汁が有効な野菜の代表は大根です。

ふろふき大根、ぶり大根、おでんなどを作る場合、最初に米の研ぎ汁で約15分（串が通るくらい）下茹でするると、自然な甘みが出てきて美味しさが増し、白く仕上げることができます。

これは、大根に含まれる酵素のアミラーゼと研ぎ汁のデンプンが反応して、デンプンが糖へと変わるからです。大根独特の酵素臭さが抜け、大根の甘味が引き立つのです。下茹でした大根は、一度水でゆすいで研ぎ汁を洗い落としてから料理に使います。使うまで水につけて冷蔵庫で保存します。1週間ほど使うことができます。

ちなみに、もし研ぎ汁がなければ、お米をひとつかみほど入れても同様の効果を得られます。

里いもや石川いもなどサトイモ科の芋類も、研ぎ汁が有効です。サトイモ類は、水から茹でるとぬめりがたくさん出てしまいますが、研ぎ汁で下茹でするとぬめりが少なくなります。また、白く仕上がり、ぬめりが少ないために味が入りやすくもなります。

乾物の干し数の子、本乾《ほんかん》の身欠《みが》き鰊《にしん》、棒鱈《ぼうだら》などは研ぎ汁に2～3日漬けて戻すと、アクが抜けて臭みなく戻すことができます。

米をぬかから研ぎ汁まで余すところなく使うところに、日本人がいかに米と密着して生活してきたかがわかります。

おわりに

●炊き方・引き方を「知っている」ことの重要性

和食の基本はご飯と味噌汁です。食文化が多様になった今日でも、それは変わりありません。近茶流では授業の中で生徒さん自身で釜を使ってご飯を炊きます。この授業を続けてきた結果が思わぬかたちで役に立ったことを、ある生徒さんからのお手紙で知りました。

２０１１年の東日本大震災のときのことです。

当時、震源から遠く離れた関東地方でも電力不足のため随所で停電になっていました。生徒さんのお宅もそういう地域にあり、たまたま耳にした別の親子の会話で、

子ども「白いご飯が食べたいよ」

親「ごめんね、停電でいまはご飯が炊けないの」

というのを聞いていたそうです。

そのとき「ご飯の炊き方を知っていることがなんてありがたいことなのか」と心の底から思ったそうです。私自身、「ご飯の炊き方をお伝えしていてよかった。これからも教え続けていこう」とあらためて思いました。

普段は炊飯器で、それこそワンタッチでご飯を炊いていても、いざというときは火を使った本来のご飯の炊き方を知っている。このことはとても重要です。平日は仕事などが忙しくてできなかったとしても、本当はこうすればより美味しく炊ける、という原理原則を「知っていてやらない」のと「知らなくてやれない」のとでは、とても大きな差があると思うのです。

●だしを引いて子どもの味覚を育てる「味育」

近年、インスタントやレトルト食品の味がどんどん進化しています。とくにご飯に関しては、いわゆる「パックごはん（包装米飯）」の品質向上は目覚ましく、農水省も輸出に力を入れています。

一方で、味噌汁もお湯を注ぐだけのインスタントタイプで数多くの商品が登場していて、全国各地の味噌や具を手軽に味わうことができます。この忙しい世の中、一つの手段だと思いますが、最近考えさせられることがありました。

ある生徒さんは、お子さんが生まれたとき、「この子には全部ちゃんとだしを引いて育てよう」と決めて、毎日欠かさず昆布と鰹節でだしを引いて味噌汁を作り、味噌汁好きの子どもに育ったそうです。しかしあるとき、外出時にお弁当とともにしょうがなくインスタントの味噌汁を出したところ、お子さんはひと口飲んだだけで「もういい」と言ったそうです。生徒さんはハッとして「ごめんなさい」と謝りつつも、「自分がやってきたことは正しかった」と、いままでの努力が報われたと感じたそうです。

人間の味覚は、生まれた後、経験によって育ち、形成されます。全国各地の味を楽しむのは、大人になってからでも遅くありません。お子さんに正しい味覚を身につけてもらうためにも、きちんとしただしの引き方を知っておくことは重要です。

●「化学調味料無添加」だから素材本来の味とは限らない

だしを引くことが重要とはいえ、現実問題として仕事などでその時間がとれない、という方も多いでしょう。実際、スーパーの調味料売り場には、鰹、昆布、煮干しなど多彩な粉末だしのパッケージが並んでいます。この分野の研究も日々進んでいます。とくに味噌汁は多少クセがあってもわからないので、粉末だしが使いやすいのではないかと思います。

その中で最近気になるのは「無添加」という言葉の響きです。よく、「化学調味料無添加」をうたう商品があります。しかし、添加物がまったく含まれていない、ということではありません。

たとえば酵母を抽出して粉末化した「酵母エキス」は、無添加の粉末だしに含まれていることがあります。イノシン酸など核酸系のうま味が出るので、添加することで、だしの素材が少なくても美味しいと感じられるものです。

もちろん、だから美味しくない、体によくない、と決めつけるつもりはありません。でも、少なくとも「化学調味料無添加」だからといって、素材本来の味を楽しめるとは限らないということは、ぜひ知っておいてほしいと思います。

●食べること＝生きること

東京・赤坂にある柳原料理教室には、幅広い年齢の方がいらっしゃいます。その中で、祖父の代から近茶流を支え、通ってくださっている生徒さんがまだ多くいらっしゃいます。

年齢を重ねる生徒さんの姿を見ていく中で、やはり重要になるのが「食」だと気づかされます。

それは栄養面だけでなく、食べるためには、献立を考え、買い物に行き、包丁を使って料理をして、盛り付け、共に食べて、片付けをする。そのことについて、お医者様から聞いたことがあります。料理の手順を考えながら、包丁を使って料理をすることは脳にとってもとても良いことだと。

1日3食、毎日食べると1年で1095回の食事をしています。それは「食べ続けることが生きること」を表していて、どのような食事をしているかが、どんな人間かを決めることにもつながると思います。白いご飯をもう一度見つめ直すことで、皆様の食卓、そして人生がさらに豊かになるきっかけになれば幸いです。

●伝えていきたい、日本人にとってのご飯と味噌汁の大切さ

いま、日本人は食に関して二極化してきていると感じています。毎日食べることが惰性になっていて、1日3食をきちんと食べられればコンビニ弁当でもいい、という人もいれば、毎日食べるものだからこそ、美味しいもの、少しでも体にいいものを作ろうという人

もいます。

親の食生活は子どもに影響していきます。「いいもの」とは高いものではなく、「きちんとしたもの」です。青菜を適度に茹でて水をきり、鰹節と醤油をかけただけで、美味しいおひたしができあがります。それでいいのです。

私は料理を教える仕事をしていますので、皆様に正しい料理とは何かを知っていただきたいという気持ちを持って、日本人にとってのご飯と味噌汁の大切さをこれからも伝えていきたいと思っています。

そして、皆様には、本当に美味しいものを食べたい、家族に食べてもらいたい、という気持ちでご飯を作り続けていただきたい、と思っています。それこそが、皆様にとっての、「世界で一番美味しいご飯」になると信じているからです。

柳原尚之

青春新書
INTELLIGENCE

こころ涌き立つ「知」の冒険

いまを生きる

"青春新書"は昭和三一年に——若い日に常にあなたの心の友として、その糧となり実になる多様な知恵が、生きる指標として勇気と力になり、すぐに役立つ——をモットーに創刊された。

そして昭和三八年、新しい時代の気運の中で、新書"プレイブックス"にその役目のバトンを渡した。「人生を自由自在に活動《プレイ》する」のキャッチコピーのもと——すべてのうっ積を吹きとばし、自由闊達な活動力を培養し、勇気と自信を生み出す最も楽しいシリーズ——となった。

いまや、私たちはバブル経済崩壊後の混沌とした価値観のただ中にいる。その価値観は常に未曾有の変貌を見せ、社会は少子高齢化し、地球規模の環境問題等は解決の兆しを見せない。私たちはあらゆる不安と懐疑に対峙している。

本シリーズ"青春新書インテリジェンス"はまさに、この時代の欲求によってプレイブックスから分化・刊行された。それは即ち、「心の中に自らの青春の輝きを失わない旺盛な知力、活力への欲求」に他ならない。応えるべきキャッチコピーは「こころ涌き立つ"知"の冒険」である。

予測のつかない時代にあって、一人ひとりの足元を照らし出すシリーズでありたいと願う。青春出版社は本年創業五〇周年を迎えた。これはひとえに長年に亘る多くの読者の熱いご支持の賜物である。社員一同深く感謝し、より一層世の中に希望と勇気の明るい光を放つ書籍を出版すべく、鋭意志すものである。

平成一七年　　刊行者　小澤源太郎

著書紹介

柳原尚之（やなぎはら なおゆき）

近《きん》茶《さ》流《りゅう》嗣《し》家《か》。柳原料理教室副主宰。東京農業大学で発酵食品学を学ぶ。卒業後、小豆島のしょうゆ会社の研究員、オランダ船籍の帆船のキッチンクルーを経て、現在は父・柳原一成とともに日本料理、茶懐石の研究指導にあたる。ＮＨＫ「きょうの料理」などテレビ出演の他、ＮＨＫドラマ「みをつくし料理帖」、大河ドラマ「龍馬伝」、ＴＢＳ「渡る世間は鬼ばかり」の料理監修・時代考証を務める。また、平成27年度、文化庁文化交流使に選ばれるなど、日本料理を海外に広める活動も行っている。

世界一《せかいいち》美味《おい》しいご飯《はん》を
わが家《や》で炊《た》く

青春新書
INTELLIGENCE

2018年２月１日　第１刷

著　者　柳《やなぎ》原《はら》尚《なお》之《ゆき》

発行者　小澤源太郎

責任編集　株式会社プライム涌光

電話　編集部　03(3203)2850

発行所　東京都新宿区若松町12番１号 〒162-0056　株式会社青春出版社

電話　営業部　03(3207)1916　振替番号　00190-7-98602

印刷・大日本印刷　製本・ナショナル製本

ISBN978-4-413-04531-5

こころ涌き立つ「知」の冒険!

青春新書
INTELLIGENCE

パワーナップの大効果! 脳と体の疲れをとる仮眠術	西多昌規	PI·434
頭がいい人の「考えをまとめる力」とは! 話は8割捨てるとうまく伝わる	樋口裕一	PI·435
高血圧の9割は「脚」で下がる!	石原結實	PI·436
「志」が人と時代を動かす! 吉田松陰の人間山脈	中江克己	PI·437
月900円!からのiPhone活用術	武井一巳	PI·438
実家の片付け、介護、相続… 親とモメない話し方	保坂　隆	PI·439
いまを生き抜く極意 「ズルさ」のすすめ	佐藤　優	PI·440
アルツハイマーは脳の糖尿病だった	森下竜一 桐山秀樹	PI·441
英会話 その単語じゃ人は動いてくれません	デイビッド・セイン	PI·442
名画とあらすじでわかる! 英雄とワルの世界史	祝田秀全［監修］	PI·443
「いい人」をやめるだけで免疫力が上がる!	藤田紘一郎	PI·444
まわりを不愉快にして平気な人	樺　旦純	PI·445
なぜ、あの人が話すと意見が通るのか	木山泰嗣	PI·446
できるリーダーはなぜメールが短いのか	安藤哲也	PI·447
江戸三〇〇年 あの大名たちの顚末	中江克己	PI·448
あと20年でなくなる50の仕事	水野　操	PI·449
相続専門の税理士が教えるモメない新常識 やってはいけない「実家」の相続	天野　隆	PI·450
なぜ一流は「その時間」を作り出せるのか	石田　淳	PI·451
自分が「自分」でいられる コフート心理学入門	和田秀樹	PI·452
図説 地図とあらすじでわかる! 山の神々と修験道	鎌田東二［監修］	PI·453
一見、複雑な世界のカラクリが、スッキリ見えてくる! 結局、世界は「石油」で動いている	佐々木良昭	PI·454
やってはいけない38のこと そのダイエット、脂肪が燃えてません	中野ジェームズ修一	PI·455
図説 実話で読み解く! 武士道と日本人の心	山本博文［監修］	PI·456
なぜ「あの場所」は犯罪を引き寄せるのか	小宮信夫	PI·457

お願い ページわりの関係からここでは一部の既刊本しか掲載してありません。折り込みの出版案内もご参考にご覧ください。

こころ涌き立つ「知」の冒険!

青春新書
INTELLIGENCE

人は死んだらどこに行くのか 世界の宗教の死生観	島田裕巳	PI·506
ブラック化する学校 少子化なのに、なぜ先生は忙しくなったのか?	前屋　毅	PI·507
僕ならこう読む 「今」と「自分」がわかる12冊の本	佐藤　優	PI·508
江戸の長者番付 殿様から商人、歌舞伎役者に庶民まで	菅野俊輔	PI·509
「減塩」が病気をつくる!	石原結實	PI·510
隠れ増税 なぜあなたの手取りは増えないのか	山田　順	PI·511
大人の教養力 この一冊で芸術通になる	樋口裕一	PI·512
スマートフォン その使い方では年5万円損してます	武井一巳	PI·513
「血糖値スパイク」が心の不調を引き起こす	溝口　徹	PI·514
こんなとき英語でどう切り抜ける?	柴田真一	PI·515
その「もの忘れ」はスマホ認知症だった	奥村　歩	PI·516
「糖質制限」その食べ方ではヤセません	大柳珠美	PI·517
浄土真宗ではなぜ「清めの塩」を出さないのか	向谷匡史	PI·518
皮膚は「心」を持っていた! 「第二の脳」ともいわれる皮膚がストレスを消す	山口　創	PI·519
その「英語」が子どもをダメにする 間違いだらけの早期教育	榎本博明	PI·520
頭痛は「首」から治しなさい 慢性頭痛の9割は首こりが原因	青山尚樹	PI·521
「系図」を知ると日本史の謎が解ける	八幡和郎	PI·523
英語にできない日本の美しい言葉	吉田裕子	PI·524
AI時代を生き残る仕事の新ルール	水野　操	PI·525
速効!漢方力 抗がん剤の辛さが消える	井齋偉矢	PI·526
公立中高一貫校に合格させる塾は何を教えているのか	おおたとしまさ	PI·527
ニュースの深層が見えてくるサバイバル世界史	茂木　誠	PI·528
40代でシフトする働き方の極意	佐藤　優	PI·529
日本語のへそ	金田一秀穂	PI·522

お願い　ページわりの関係からここでは一部の既刊本しか掲載してありません。折り込みの出版案内もご参考にご覧ください。